Esoterik

Herausgegeben von Gerhard Riemann

Sun Tsus »Strategie der Sieger« ist sowohl zeitlich als auch qualitativ an die Seite chinesischer Klassiker wie das I Ging und Lao Tses Tao Te King zu stellen. Daß dieses Werk bis heute nicht die Beachtung gefunden hat, die es verdient, hängt weitgehend mit den bisherigen Übersetzungen zusammen, die seine Bedeutung nur schwer erkennen lassen. Die zeitgemäße Übersetzung von R. L. Wing hat dieses Werk zu neuem Leben erweckt. Wurde doch Sun Tsu zusammen mit so berühmten Zeitgenossen wie Konfuzius, Buddha und Plato jahrtausendelang von Gelehrten übersetzt und interpretiert.

Ein Buch für alle, die Schicksal nicht für unabwendbar halten, die Verantwortung für ihr Tun übernehmen und die ohne direkte kämpferische Auseinandersetzung zum Sieg kommen wollen.

Deutsche Erstausgabe 1989
© 1989 Droemersche Verlagsanstalt Th. Knaur Nachf., München
Das Werk einschließlich aller seiner Teile ist urheberrechtlich geschützt.
Jede Verwertung außerhalb der engen Grenzen des Urheberrechts-
gesetzes ist ohne Zustimmung des Verlages unzulässig und strafbar.
Das gilt insbesondere für Vervielfältigungen, Übersetzungen,
Mikroverfilmungen und die Einspeicherung und Verarbeitung
in elektronischen Systemen.
Titel der Originalausgabe »The Art Of Strategy«
Copyright © 1988 by Immedia
Umschlaggestaltung Dieter Bonhorst
Satz MPM, Wasserburg
Reproduktion reproteam ulm
Druck und Bindung Ebner Ulm
Printed in Germany   5   4   3   2   1
ISBN 3-426-04226-6

R. L. Wing:
Die Strategie der Sieger

Eine Neuübersetzung von Sun Tsus Klassiker
»Die Kunst der Strategie«

Aus dem Amerikanischen von Thomas Poppe

兵法

孫子

INHALTSVERZEICHNIS

Die chinesischen Klassiker wurden in einem sehr allgemeinen, universellen Stil verfaßt. Sie waren als Schablonen für Lebenserfahrungen gedacht — Schablonen, deren sich jedermann, zu jeder Zeit und in allen Lebenslagen bedienen kann. Die chinesische Schriftsprache eignet sich recht gut für diesen Zweck. Jedes Schriftzeichen oder Ideogramm ist ein mehrdimensionales Abbild einer Idee. Jedes läßt sich aus den verschiedensten Blickwinkeln betrachten und in unterschiedlichster Weise erfahren. Diese Wandelbarkeit der geschriebenen Sprache provoziert Reaktionen beim Leser, die als sehr persönlich und zeitgemäß empfunden werden. Aus diesem Grund scheinen Bücher wie das *I Ging (Das Buch der Wandlungen)*, das *Tao Te King (Das Tao der Kraft)* und *Die Kunst der Strategie* gerade so viele Bedeutungen zu haben wie die Zahl der Menschen, die sie lesen. Diese Werke haben durch die Jahrhunderte ihre erstaunliche Relevanz bewahrt und enthalten Sinn und Bedeutung für jede Spielart menschlicher Erfahrung. Mit einem Wort: Sie sind unsterblich.

Die Lektüre eines philosophischen Werkes wie *Die Kunst der Strategie* ist eine erhebende Erfahrung. Ähnlich wie bei einem Musikstück klingt aus jeder Phrase Harmonie und Entschlossenheit. Die chinesischen Klassiker erhielten häufig einen einfachen, ausbalancierten Rhythmus, um die Worte leichter behalten zu können — schließlich gab es damals weder Drucktechnik noch Papier (Bücher wurden auf Bambusstreifen gemalt).

Der rhythmische, sparsame Stil der *Kunst der Strategie* läßt sich sehr gut ins Englische übertragen. Die Struktur des Textes in diesem Buch entspricht fast Wort für Wort dem Versmaß des Origi-

nals. Auch die chinesischen Schriftzeichen werden wiedergege-
ben, und die Geradlinigkeit der Übersetzung sollte es ermöglichen, Zeichen zu verfolgen, wenn Sie dazu die Neigung verspüren
— auch ohne die Buchstaben zu kennen. Erinnern Sie sich nur
daran, daß die chinesische Schrift in Spalten von oben nach unten
und von links nach rechts verläuft.

Ich habe versucht, mich Wort für Wort an das Originalmanu-
skript zu halten und mich vor der Einführung »hilfreicher« Ter-
minologie zu hüten. So gut das möglich war, habe ich den Schriftzeichen durchwegs die gleichen Begriffe zugeordnet und die aus-
gewählten Worte recht allgemein gehalten, um dem Leser die Möglichkeit zu geben, die Bedeutungsnuancen selbst zu addieren.
Wenn ich nicht direkt übersetzen konnte oder wollte, habe ich
dies in einer Fußnote vermerkt.

Das Schriftzeichen *Bing* habe ich sowohl im Titel als auch im gesamten Text mit »Strategie« übersetzt. Das ist eine recht weit ver-
breitete Übersetzung von *Bing*; der Leser sollte jedoch zur Kenntnis nehmen, daß das Wort auch schon mit »Krieg«, »Militär«, »Taktik«, »Kampf«, »Schlacht«, »Manöver«, »Waffe«, »Konflikt« und
so fort übersetzt worden ist. Ich habe mich für »Strategie« entschieden, weil ich der Meinung bin, daß damit Sun Tsus Absicht
am meisten entsprochen wird: den Sieg erringen durch taktisches
Stellungbeziehen, ohne es überhaupt zum Kampf kommen zu lassen.

Das einzige Schriftzeichen, das ich nicht übersetzt habe, ist Tao.
Nur in ein oder zwei Fällen, als es für
den Sinnzusammenhang des Satzes entscheidend war, habe ich das Wort »Weg«
verwendet. Tao ist in Taoismus enthalten, der vorherrschenden Philosophie
der Zeit, in der *Die Kunst der Strategie* geschrieben wurde. Es ist merkwürdig,
daß Tao in allen Übersetzungen (bis auf
eine) in grob-utilitaristischer Weise mit
einem Substantiv oder Verbum wieder-
gegeben worden ist, das soviel wie »Mo-

Bing, das Ideogramm
für »Strategie«

bilisierung« bedeutet; unglücklicherweise beraubt dies *Die Kunst der Strategie* ihrer tiefgehenden philosophischen Dimension. Das Wort Tao ist sehr schwierig zu übersetzen, aber man könnte es vielleicht umschreiben mit »die ruhige, reibungslose Art, in der Dinge in der Natur ablaufen«. Werden Ereignisse manipuliert, dann ist das nicht Tao, und ihre Folgen können in gefährlicher Weise außer Kontrolle geraten. Wenn Tao in einer Situation oder einer Strategie zum Zuge kommt, wird das als großer Vorteil angesehen, denn die Operation verläuft mühelos, das Ergebnis wird vorhersagbar. Es ist, als ob alle Kräfte der Natur den eigenen Absichten zuarbeiten.

Die Kunst der Strategie ist vielfach übersetzt worden, und die Übersetzungen reflektieren meistens den religiösen oder kulturellen Hintergrund der Übersetzer. Seit der Zeit der Tang-Dynastie (618—906) bis zum heutigen Tage ist Sun Tsus Werk in Japan bekannt und wird dort studiert. Erst 1772, als der französische Jesuitenpater Fr. P. Amiot eine Übersetzung aus dem Chinesischen ins Französische vornahm, kam das Buch zu uns in den Westen. Angeblich zählte es zur Lieblingslektüre Napoleons. In Rußland tauchten Übersetzungen von Sun Tsu schon im 19. Jahrhundert auf; die bekannteste stammt von J. Konrad (1950).

1905 übertrug E. F. Calthrop, Hauptmann der britischen Armee, *Die Kunst der Strategie* auf der Basis einer japanischen Übersetzung ins Englische. Kurz darauf wurde sie von Lionel Giles, Kurator der Abteilung für orientalische Bücher und Manuskripte im British Museum, London, direkt aus dem Chinesischen ins Englische übersetzt. Die Giles-Arbeit, betitelt *The Art of War*, wurde 1910 veröffentlicht und befindet sich seither im Druck, wobei die jüngste Auflage 1983 erschienen ist, versehen mit einem Kommentar des amerikanischen Schriftstellers James Clavell.* 1910 wurde das Buch von Bruno Navarra ins Deutsche übersetzt; 1956 veröffentlichte das russische Militär eine chinesisch-russische Übersetzung von Leutnant J. I. Siderenko. Eine amerikanische Übersetzung des pensionierten Marine-Brigadegenerals Samuel B. Griffith erschien 1963 unter dem Titel *The Art of War*. Diese Version

*Deutsche Ausgabe: Sunzi, *Die Kunst des Krieges*, Droemer/Knaur, München 1988.

ist zur Zeit noch verfügbar, wie auch zwei Übertragungen ins Englische durch chinesische Gelehrte: *Die Kunst des Krieges* von Tscheng Lin und *Die Prinzipien des Konflikts* von Tang Si-Tschang.

Viele Kommentare und Anmerkungen zur *Kunst der Strategie* wurden im Laufe der Jahrhunderte verfaßt, doch Sun Tsu selbst schrieb nur dreizehn Kapitel. Tatsächlich wird das Buch manchmal sogar *Sun Tsus Dreizehn Kapitel* genannt. Ich habe jedes Kapitel an geeigneten Stellen in vier Abschnitte unterteilt, was insgesamt 52 Passagen ergibt. Die Überschriften zu den dreizehn Kapiteln stammen von Sun Tsu, die Titel der einzelnen Passagen stammen aus meiner Feder. Sie sollen nur dazu dienen, auf das jeweilige Thema hinzuweisen. Die Untertitel (in Klammern) zu den einzelnen Kapitelüberschriften helfen dabei, das behandelte Thema zu erläutern, und stammen ebenfalls von mir. Die zeitlichen Angaben sind Joseph Needhams *Science and Civilisation in China* entnommen. Die deutsche Schreibweise der chinesischen Begriffe basiert auf dem Wade-Giles-System.

R. L. Wing

ANMERKUNG ZUR DEUTSCHEN ÜBERSETZUNG

In einigen Fällen war es bei der Übersetzung ins Deutsche nicht möglich, Nuancenreichtum und »Farbigkeit« des jeweiligen englischen Begriffs zu erhalten. Um dem deutschen Leser Chancengleichheit beim Erlernen der *Kunst der Strategie* zu geben, habe ich bestimmten Schlüsselpassagen für das Verständnis notwendige Anmerkungen beigefügt, die das jeweilige Bedeutungsspektrum der von R. L. Wing verwendeten englischen Begriffe erläutern. Diese sind mit einem Sternchen* gekennzeichnet.

T. Poppe

SUN TSU

Mehr als dreiundzwanzig Jahrhunderte sind vergangen, seit Sun Tsu *Die Kunst der Strategie* geschrieben hat, eine der frühesten und sicherlich die ungewöhnlichste militärische Abhandlung der Welt. Mit seinem Fünftausendsechshundert-Worte-Klassiker legte Sun Tsu eine komprimierte Sammlung von Prinzipien vor — Grundregeln, um den Sieg über jeden Gegner davonzutragen. Besonders bemerkenswert an seinem Buch ist die Grundprämisse: Schon eine Strategie des taktischen Stellungbeziehens kann zu einem vollständigen Sieg führen, so daß sich der Augenblick des Triumphs ohne große Kraftanstrengung einstellt und ein destruktiver Kampf vermieden wird. Sun Tsu betonte: »Wer hundert Siege in hundert Kämpfen erringt, beweist nicht höchstes Geschick. Höchstes Geschick beweist, wer Strategie anwendet, um andere zu unterwerfen, ohne es dabei zum Kampf kommen zu lassen.«

Es hat einige Kontroversen gegeben, ob und wann Sun Tsu gelebt hat, aber neuere Forschungen deuten an, daß *Die Kunst der*

Strategie tatsächlich aus der Feder eines einzigen Autors stammt, wahrscheinlich Sun Tsu, und man ist heute allgemein der Überzeugung, daß kurz vor oder während der Zeit der Streitenden Reiche (480—221 v. Chr.) verfaßt worden ist. Etwa zu jener Zeit befand sich Gautama Buddha auf Pilgerfahrt durch Indien; Zoroaster hielt sich in Persien auf, um den philosophischen Boden zu bereiten, aus dem das islamische Denken erblühen sollte; die Thora war gerade zum moralischen Mittelpunkt des jüdischen Staates geworden; Sokrates, Plato und Aristoteles entwickelten in Griechenland die Uranfänge der westlichen Philosophie; Lao Tse und Konfuzius waren nicht weit entfernt und kultivierten ihre eigene Vorstellungswelt. Zur gleichen Zeit hob Alexander der Große ein Kriegsheer aus, das erfolgreich Indien, Persien und Griechenland erobern sollte. Es war ein bedeutsamer Augenblick in der menschlichen Geschichte, reich an neuen Ideen und ungestümer Aggressivität.

Die Zeit der Streitenden Reiche, Sun Tsus Ära, verdient ihren Namen zu Recht. In dieser Periode fochten die einzelnen Staaten Chinas mehr als dreihundert Kriege untereinander und gegen die herrschende Tschou-Dynastie aus. Analog zum zwanzigsten Jahrhundert mußte das chinesische Volk zur Zeit der Streitenden Reiche einen hundertfünfzig Jahre währenden »Zweiten Weltkrieg« über sich ergehen lassen. Natürlich gab es damals ganz andere Waffen, aber die Kriegsheere waren fast genauso groß und Verwüstung und menschliches Leid genauso verheerend. Streitwagen und Armbrust gibt es heute nicht mehr, aber der Konflikt ist weltweit derselbe geblieben: der Kampf um ideologische Vorherrschaft und Kontrolle über Hilfsgüter und Bodenschätze.

Das China des Jahres 300 v. Chr. liefert ein interessantes, verkleinertes Abbild unserer heutigen Welt. Für die Chinesen war der Krieg der Kleinstaaten ein Weltkrieg — China war für sie die »ganze Welt«. Jeder einzelne Staat hatte ein brennendes Interesse wenn nicht an der Vorherrschaft, so doch zumindest am eigenen Überleben. Umgeben von Verwüstung, in einer vom Krieg zerrissenen Welt, entwickelte Sun Tsu ein grundlegendes Bewußtsein, das erst heute in das Denken des zwanzigsten Jahrhunderts dringt: Nicht als einzelne Individuen sehen sich die Menschen auf der Erde mit Überleben oder Auslöschung konfrontiert, sondern als Ganzes, als zusammenhängende Wesenheit. Auf dem Fundament dieser Erkenntnis entwickelte Sun Tsu seine Abhandlung *Die Kunst der Strategie*; er skizziert darin spezifische Strategien zur Konfliktbewältigung, während er gleichzeitig die Welt als ein in sich vollständiges und ineinandergreifendes System betrachtet, das es zu schützen und zu bewahren gilt. Ausgehend von dieser Prämisse kann kein Teil des Systems wirklich siegen, wenn es einen anderen zerstört, denn das würde Schaden auf allen Seiten anrichten. Im Kern erläutert Sun Tsu eine Strategie der Konfliktlösung, die sehr ähnlich funktioniert wie unser körperliches Immunsystem: Es soll Überfälle abwehren, Aufruhr unterdrücken, Bösartiges überwältigen und feindliche Elemente beseitigen — ohne dabei das unterstützende, nährende System zu schädigen.

Sun Tsu gelang es, eines der am häufigsten übersetzten und am gründlichsten studierten Bücher der Welt zu schreiben. Seine Strategie basiert auf den Gesetzen der Natur — sowohl der menschlichen Natur als auch der Natur im allgemeinen. Da alles Leben diesen Gesetzen unterworfen ist, unabhängig davon, ob sie auf mikroskopischer oder soziologischer Ebene »erlassen« wurden, liefert Sun Tsus Abhandlung eine Blaupause für den Weg zum Triumph über die Konflikte des Lebens — von zwischenmenschlichen bis zu internationalen Konflikten. Die Taktiken der *Kunst der Strategie* sind wirksame Instrumente zur Überwindung und Beseitigung von psychologischen Hemmnissen, von Mißhelligkeiten in der individuellen Umgebung, von Opposition gegen die eigene Person und von Konflikten zwischen Organisationen. Die Strategie folgt einem direkten Pfad, der sich langsam ausweitet, bis der Sieg feststeht. Von der Analyse und Projektierung über die Planung und das Stellungbeziehen bis schließlich zur direkten Konfrontation

SUN TSU

erläutert Sun Tsu Techniken wie etwa den Einsatz von Tarnung, Täuschung und Nachrichtenbeschaffung. Menschen, die bereit sind, ihre Probleme ein für allemal zu überwinden und ihr Schicksal selbst in die Hand zu nehmen, werden in diesem Buch finden, was für Sun Tsu der »Geist der Strategie« war.

Die Kunst der Strategie

Die Kunst der Strategie liefert eine humane und intelligente Methode, unumgängliche Konflikte zu beseitigen. Unumgängliche Konflikte sind Hindernisse, die sich einer sinnerfüllten persönlichen Entfaltung im Leben entgegenstellen. Wir können durch Hindernisse in unserer eigenen Persönlichkeit, in unserer Umgebung und in unseren zwischenmenschlichen Beziehungen blockiert sein. Werden wir dieser Hindernisse gewahr, erleben wir eine innere Krise, denn wir blicken der Bedrohung für persönliche Erfüllung und Glück direkt ins Auge. An diesem Wendepunkt treffen wir eine Wahl: Entweder lernen wir, mit dem Konflikt zu leben, indem wir unseren Handlungsspielraum einschränken und unsere Ziele aufs Spiel setzen; oder wir beseitigen den Konflikt, indem wir seine Position verändern oder seinen Einfluß auf unser Leben neutralisieren.

Die Kunst der Strategie ist konzipiert für diejenigen, die entschlossen sind, Konflikte aus ihrem Leben zu verbannen. Sie ist für Individuen bestimmt, die die Welt als einen Ort voll interessanter Möglichkeiten betrachten und die ihr das gesamte Spektrum ihrer Talente und Fähigkeiten ausloten wollen. Sehen sich solche Menschen mit einem Hindernis konfrontiert — einem lähmenden Charakterfehler, einem unbefriedigenden Beruf oder einer schwächenden zwischenmenschlichen Beziehung —, entwickeln sie eine Strategie, um den Konflikt zu überwinden und sich erfolgreich seinem Zugriff zu entziehen. Sie weigern sich, ihre Ziele aufs Spiel zu setzen oder ihre Möglichkeiten zu beschneiden. Ein Schachspiel kann nicht durch gütlichen Kompromiß beendet werden — ebensowenig schlechte Gesundheit, erniedrigende berufliche Tätigkeit oder eine destruktive Beziehung. Solche Situationen schädigen uns am Lebensnerv und müssen und können bedingungslos überwunden werden. Um dieses Ziel zu erreichen, werden in diesem Buch vier Konfliktarten vorgestellt, auf die sich Sun Tsus Strategien wirkungsvoll anwenden lassen.

KONFLIKT IM SELBST Bei einem inneren Konflikt stört ein Teil Ihres Selbst positives Wachsen und Reifen in Ihrem Leben. Sie dürfen diesen inneren Gegner nicht unterschätzen, denn er kann genauso stark sein wie der Teil von Ihnen, der sich Veränderung wünscht. Er schöpft aus den gleichen Stärken und ist sich der gleichen Schwächen bewußt. Um Ihren inneren Widersacher — eine Gewohnheit, die abgestellt, oder eine psychologische Barriere, die durchbrochen werden muß — zu überwinden, müssen Sie eine Strategie entwickeln, die Ihre Energien umlenken und ihre Persönlichkeit neu strukturieren wird. So schwierig das auch auf den ersten Blick wirkt, hier liegt der Schlüssel zu sicherem und dauerhaftem Sieg.

KONFLIKT MIT DER UMWELT Bei einem Konflikt mit der Umwelt wirkt ihre unmittelbare Umgebung — zu Hause oder im Beruf, logistisch oder politisch gesehen — blockierend auf ihre persönliche Entwicklung oder schwächend auf ihre Grundsätze. Viele Ihrer Entscheidungen, Handlungen und Beziehungen haben Sie an Ihre Umwelt gefesselt — wäre das nicht so, dann würden Sie sich an einem anderen Ort befinden. Durch Ihre Teilnahme halten Sie genau jene Struktur aufrecht, die Sie ändern oder hinter sich lassen wollen. Echte, dauerhafte Lösungen erfordern konsequenterweise außergewöhnliche und subtile Strategien. Umweltkonflikte können nur durch eine Neugestaltung Ihrer Beziehung zur Umgebung und verstärkte Kontrolle überwunden werden, oder dadurch, daß Sie sich von der jeweiligen Umgebung loslösen und sie hinter sich lassen.

KONFLIKT MIT EINEM ANDEREN MENSCHEN Bei einem zwischenmenschlichen Konflikt ist nicht eine einzelne Person Ihr Gegner, sondern eine Beziehung, die Ihr Leben negativ beeinflußt. Zwischenmenschliche Probleme tauchen im Berufsleben, in der Familie oder in Liebesbeziehungen auf und lassen sich meistens durch einfache Verhandlungen lösen. Andererseits kann die Beziehung nur selten gerettet werden, wenn ein zwischenmenschlicher Konflikt Ihre Entwicklung oder Ihr Glück behindert. Das sind Konflikte, die sich ständig wiederholen, weil die grundlegende Interaktion unausgewogen und lieblos ist. Haben Sie erst einmal Klarheit gewonnen über einen tiefsitzenden, unlösbaren Konflikt mit einem anderen Menschen, sind feste Entschlossenheit und eine klare Strategie das Gebot der Stunde. Im allgemeinen wird Ihr Sieg über einen zwischenmenschlichen Konflikt die Beziehung von Grund auf verändern, oder er wird sie beenden.

KONFLIKT UNTER FÜHRUNGSPERSONEN Konflikte unter Organisationen entstehen aus Meinungsverschiedenheiten über Ideologien oder Hilfsgüter. Sie können unter sozialen Gruppierungen, im Geschäftsleben und in der Politik vorkommen. Konflikte unter Führungspersonen sind eine bedeutsame Herausforderung, denn die Geschicke so vieler anderer werden vom Endresultat beeinflußt. Eine sorgfältige, kluge Strategie ist deshalb gefragt, eine Strategie, die zum Erfolg führt und dabei alle Beteiligten schützt. Wird ein solcher Kampf aufgenommen, dann besteht die ideale Strategie in der Unterwerfung der gegnerischen Organisation durch taktisches Stellungbeziehen — lange vor einer direkten Konfrontation —, damit der Sieg jedermann augenfällig und unvermeidlich wird und beide Organisationen erhalten bleiben. In der *Kunst der Strategie* ist dies die höchste Herausforderung.

Sun Tsus klassisches Werk kann an einem Nachmittag gelesen werden, aber es kann ein Jahr oder noch länger dauern, bis man gelernt hat, seine Strategien bei alltäglichen Konflikten spontan einzusetzen. Wer systematisch an *Die Kunst der Strategie* herangehen und ihre Taktiken in sein Leben integrieren will, um Konfliktabwehr oder erfolgreiches Bestehen von Konfrontationen zu erlernen, für den wurde ein Kalender/Arbeitsbuch für ein Jahr in die einzelnen Passagen des Buches eingebaut. Bei den Chinesen beschrieb der Zyklus der vier Jahreszeiten eine vollständige Erfahrungsperiode, beginnend mit dem Frühling eines neuen Wachstums, über den Sommer der Arbeit, den Herbst der Ernte bis zum Winter des Ausruhens. Um eine dauerhafte Veränderung zu markieren — ob in Gewohnheiten, in der Umgebung, in Beziehungen oder in der Führung —, muß ein ganzes Jahr vergehen. Die vier Jahreszeiten müssen ihren Kreislauf vollenden.

Jede der zweiundfünfzig Passagen steht für ein einwöchiges Gedankenexperiment in Strategie. Jede Passage ist in sieben Abschnitte für die Woche unterteilt und läßt Raum für Notizen, um Ihren Fortschritt oder Ihre Einsichten festzuhalten. Um *Die Kunst der Strategie* zu erlernen, beginnen Sie, wann immer Sie wollen, aber fangen Sie vorne an. Tragen Sie das jeweilige Tagesdatum ein, und verwenden Sie den Kalender ein Jahr lang, so, wie Sie es auch normalerweise tun würden. Lesen Sie eine Passage, und denken Sie eine ganze Woche lang darüber nach. Bleiben Sie sich der Konflikte in Ihrem Leben bewußt, und wenden Sie Strategie nach bestem Vermögen an. Wenn ein Jahr vergangen ist, lesen Sie das Buch noch einmal von Anfang an. Ihre Konflikte werden hinter Ihnen liegen, und Sie werden *Die Kunst der Strategie* beherrschen.

Ein Bogenschütze
spannt seine Armbrust

Erstes Kapitel

PLANUNG UND BERECHNUNG

(DIE ANALYSE DES KONFLIKTS)

Sun Tsu war von der zentralen Bedeutung einer vollständigen Analyse der Situation überzeugt, sogar noch bevor man überhaupt eine Konfrontation — mit welcher Absicht auch immer — ins Auge faßt. Die Stärken und Schwächen der eigenen Position, die Beziehung zwischen den eigenen Zielen und den Zielen der Gesellschaft als Ganzes, der Grad der eigenen Entschlossenheit und des persönlichen Mutes und die Lauterkeit und Integrität der eigenen Absichten — alles dies muß sorgfältig abgewogen werden. Sun Tsu war sich der Bedeutung einer zielgerichteten Analyse so sehr gewiß, daß er sagte: »Allein durch die Beachtung dieser Regel kann ich schon Sieg oder Niederlage erkennen.«

KONFLIKT IM SELBST Schon der Augenblick, in dem Sie sich eines inneren Konflikts bewußt werden, ist der geeignete Moment, einen Angriff zu planen. Innere Konflikte können durch schlechte Gewohnheiten, Lernblockaden, destruktive Wünsche oder Schwächen, undisziplinierte oder ungerichtete Motivationen entstehen, oder auch durch eine Persönlichkeit, die in der Kindheit Schaden genommen hat, was zu mangelndem Selbstwertgefühl oder zu Selbsthaß führt.

Ist jetzt der richtige Zeitpunkt, sich Ihrem inneren Gegner zu stellen? Studieren Sie jede Facette der Situation und die Position, die Sie in ihr einnehmen. Wenn es ein lohnendes Ziel ist, wenn Sie es mit vernünftigen Mitteln erreichen können, wenn sich die erforderliche Anstrengung im Gleichgewicht mit anderen Faktoren in Ihrem Leben befindet und wenn Sie wirklich entschlossen sind, dann ist der Zeitpunkt günstig. Wenn jedoch die Antwort auf eine dieser Vorbedingungen negativ ausfällt, gehen Sie den inneren Konflikt noch nicht an. Ein Sieg ist dann eher unwahrscheinlich, und Sie werden Ihren inneren Gegner noch stärker machen. Warten Sie ab, sammeln Sie Kräfte und Entschlossenheit.

Wenn die Entscheidung gefallen ist, sich dem Konflikt zu stellen, entwickeln Sie eine Strategie, den inneren Gegner zu überlisten. Planen Sie im voraus, verwenden Sie Belohnung, Ablenkung, Ersatz und Ungereimtheit, um die Kontrolle zu behalten und ihren Gegner aus dem Gleichgewicht zu bringen. Seien Sie bereit, spontanen Einfällen nachzugeben. Halten Sie nach unerwarteten Gelegenheiten Ausschau. Behalten Sie Ihr Ziel im Auge.

KONFLIKT MIT DER UMWELT Umgebungsbedingte Konflikte sind manchmal am schwierigsten zu identifizieren, und dennoch üben sie einen deutlichen Einfluß auf Ihre Selbstentfaltungsmöglichkeiten aus. Zwietracht mit der Umwelt kann entstehen auf dem Nährboden einer gebremsten oder blockierten beruflichen Karriere, einer destruktiven oder deprimierenden Umgebung zu Hause, einer Nachbarschaft oder eines Stadtviertels, das die Sinne vergewaltigt, eines unruhig-komplizierten Lebensstils oder eines sozialen Milieus ohne sittliche Grundsätze. Diesen Konflikten ist eines gemeinsam: Sie schädigen das innere Selbst, unseren Geist.

Häufig werden Sie Konflikte mit der Umgebung gar nicht wahrnehmen, weil Sie mitten drin stecken und eifrig dabei sind, sich mit ihnen zu arrangieren. Im allgemeinen bekommen Sie nur die Nebenwirkungen des Konflikts zu spüren: schlechte Gesundheit, Gefühle von Frustration und Hoffnungslosigkeit, hohes Streßniveau oder ein großes Bedürfnis nach geistlosen Aktivitäten. Nur eine sorgfältige Analyse führt diese Symptome auf ihre Ursachen zurück. Sind Sie in einem Konflikt mit der Umgebung befangen, müssen Sie ihn beseitigen, damit Ihre persönliche Entfaltung Fortschritte machen kann.

Kalkulieren Sie den Schwierigkeitsgrad der Herausforderung, der Sie sich gegenübersehen, wenn Sie das umgebungsbedingte Hindernis beseitigen wollen. Haben Sie den Mut und die Kraft, Ihre Umgebung zu transzendieren? Haben Sie ein positives Ziel vor Augen, das sich anzusteuern lohnt? Wenn Sie sich entschließen, die Herausforderung anzunehmen, tun Sie Ihre Absichten nicht kund. Machen Sie einen Plan, und analysieren Sie Ihre Entschlossenheit, während Sie Ihren ganz normalen Alltagsgeschäften nachgehen.

KONFLIKT MIT EINEM ANDEREN Ein Konflikt mit einem anderen Menschen kann so schwierig zu lösen sein, wie es andererseits leicht ist, ihn wahrzunehmen. Zwischenmenschliche Konflikte können entstehen im Berufsleben oder in der Partnerschaft, in intimen, aber labilen Beziehungen oder in jeder Situation, in der Menschen aufeinandertreffen, um sich gegenseitig zu beeinflussen oder mit einander zu konkurrieren.

Viele Konflikte lassen sich durch gründliche, beide Seiten zufriedenstellende Verhandlungen und Kompromisse lösen. Nichtverhandelbare Konflikte jedoch bilden nicht nur Barrieren für die persönliche Entfaltung: Sie können das Wohl anderer Menschen zerstören und die Umgebung aus dem Gleichgewicht werfen. Diesen Konflikten muß man sich stellen — aber erst, nachdem man die Situation und ihre Folgen analysiert hat. Der Sieg über ein zwischenmenschliches Problem bedeutet generell, daß sich die Beziehung von Grund auf verändern wird.

Sollten Sie sich entschließen, die Herausforderung anzunehmen, setzen Sie sich ein Ziel, und formulieren Sie eine Strategie, um die Art, wie die Beziehung funktioniert, dauerhaft zu verändern. Wenn Sie sich auf Ihre eigene Entfaltung und Erfüllung konzentrieren — mit oder ohne diese Beziehung —, dann wird sich ein lohnendes Ziel ergeben. Solange Ihre Strategie jedoch noch nicht in die Tat umgesetzt wird, lassen Sie Ihren Gegner im unklaren über Ihre Pläne. Sun Tsu sagte: »Wer sich der Strategie bedient, übt das Tao des Paradoxen ... und stiftet Verwirrung, um die Kontrolle zu übernehmen.«

KONFLIKT UNTER FÜHRUNGSPERSONEN Wenn sich eine Organisation im Konflikt mit einer anderen befindet, sind die Konsequenzen vom strategischen Geschick ihrer Führung abhängig. Zu Konflikten zwischen Organisationen kann es im Geschäftsleben, in der Gesellschaft und in der politischen Arena kommen, aber nur unerfahrene Führer tragen ihren Streit im Gerichtssaal oder auf dem Schlachtfeld aus. Hervorragende Strategen ziehen nur selten vor Gericht oder in den direkten Kampf; im allgemeinen erreichen sie ihre Ziele lange vor jeder Art von Konfrontation durch taktisches Stellungbeziehen.

Führungspersonen, deren Organisation sich im Konflikt mit einem Rivalen befindet, können die Konfrontation starten, wenn die wesentlichen Voraussetzungen für den Sieg erfüllt sind: Sie müssen sich sicher sein, daß es um lohnende Ziele geht; daß diese Ziele mit den Trends und der Interessenlage der Gesellschaft übereinstimmt; daß sie von allen Mitgliedern der Organisation getragen werden; und daß sie erreicht werden können, ohne die grundlegenden Prinzipien der Organisation aufs Spiel zu setzen. Darüber hinaus verlassen sich geschickte Führer auf die Kraft der Überraschung: Was ihre Position und ihre Absichten betrifft, werden sie ihre Widersacher stets im unklaren lassen.

Ist die Entscheidung gefallen, eine andere Organisation herauszufordern, haben überragende Anführer schon vorher Zeit und Mühe darauf verwendet, zu planen und zu berechnen, abzuschätzen und zu analysieren und schließlich Stellung zu beziehen. Sun Tsu betonte: »Umfassende Berechnung bringt den Sieg. Wenig Berechnung führt zur Niederlage. Um so mehr, wenn gar keine Berechnung angestellt wird!«

孫子曰：

兵者國之大事，死生之地，存亡之道，不可不察也。

故經之以五事，校之以計，而索其情：

一曰道，二曰天，三曰地，四曰將，五曰法。

道者，令民與上同意也，故可與之死，可與之生，而不畏危也。

天者，陰，陽，寒，暑，時制也。

地者，遠，近，險，易，廣，狹，死，生也。

將者，智，信，仁，勇，嚴，也。

法者，曲制，官道，主用也。

凡此五者，將莫不聞，知之者勝，不知者不勝。

DIE FÜNF GRUNDLAGEN
DER STRATEGIE

Sun Tsu sagte:

Strategie ist die Große Arbeit der Organisation.
In Situationen auf Leben und Tod
Ist sie das Tao des Überlebens oder der Auslöschung.
Ihr Studium darf um keinen Preis vernachlässigt werden.

Erstelle deshalb einen Plan mit den fünf Arbeitsgrundlagen,
Und untersuche eine jede von ihnen auf ihren Zustand.

Die erste ist Tao.
Die zweite ist Natur.
Die dritte ist Situation.
Die vierte ist Führerschaft.
Die fünfte ist Kunst.

Tao inspiriert die Menschen,
Ideale und Erwartungen miteinander zu teilen.
Und deshalb fürchten die Menschen die Gefahr nicht,
Weil sie das Leben teilen und den Tod teilen.

Natur ist das Dunkle und das Lichte, das Kalte und das Heiße,
Und das System der Zeit.

Situation ist das Ferne und das Unmittelbare,
Das Behinderte und das Leichte,
Das Weite und das Enge
Und die Chancen auf Leben und Tod.

Führerschaft ist Intelligenz, Glaubwürdigkeit, Menschlichkeit,
Mut und Disziplin.

Die Kunst ist ein flexibles System,
Worin sich die Absicht und ihre Bediensteten des Tao bedienen.

Anführern sollten diese fünf nicht unbekannt sein.
Wer sie begreift, wird triumphieren.
Wer sie nicht versteht, wird besiegt werden.

Das Wort *Absicht* kann auch mit »Meister« oder »Herrscher«
übersetzt werden und bezieht sich auf den Geist,
die Vision oder das Prinzip hinter den Dingen.
Moderne Chinesen verwenden dieses Ideogramm manchmal,
um auf Jesus Bezug zu nehmen.

故校之以計，而索其情。

曰：主孰有道？

將孰有能？

天地孰得？

法令孰行？

兵眾孰強？

士卒孰練？

賞罰孰明？

吾以此知勝負矣。

將聽吾計，用之必勝，留之。

將不聽吾計，用之必敗，去之。

DIE PRÜFUNG DER GRUNDLAGEN

Bei der Berechnung der Grundlagen,
Prüfe jede einzelne sorgfältig.

Sag mir:
Welche Absicht ist im Besitz des Tao?
Welcher Anführer besitzt Kompetenz?
Was kann die Natur und die Situation beeinflussen?

Welche Kunst inspiriert zu Anhängerschaft?
Welche Strategie hat zahlreiche Stärken?
Welches Korps hat die beste Ausbildung?
Bei welchem wird Lohn und Strafe mit Vernunft ausgeteilt?

Diese Dinge lassen mich Sieg oder Niederlage erkennen.

Werden Führer ernannt, die auf meine Berechnungen achtgeben,
Wird ihnen der Sieg sicher sein.
Behalte sie.

Werden Führer ernannt, die meine Berechnungen mißachten,
wird ihnen die Niederlage sicher sein.
Entferne sie.

Der Begriff *Natur* kommt vom chinesischen Wort *Jen*,
das auch mit »Himmel« übersetzt werden kann.
Gemeint ist hier Domäne und Anwendung
der physikalischen Gesetze.

Der Begriff *Situation* kommt vom chinesischen Wort *Ti*,
das man mit »Erde«, »Gebiet« oder »Ort« übersetzen könnte.
Es bezieht sich auf die Sphäre,
in der sich die Naturgesetze manifestieren.

計利以聽，乃為之勢，以佐其外。

勢者，因利而制權也。

兵者，詭道也。

故能而示之不能，用而示之不用，近而示之遠，遠而示之近。

利而誘之，亂而取之。

實而備之，強而避之，怒而撓之，卑而驕之，佚而勞之，親而離之，

攻其無備，出其不意。

此兵家之勝，不可先傳也。

DAS TAO DES PARADOXEN

Achte meine Worte, indem du die Vorteile analysierst,
Und mache sie stark, indem du sie nach außen richtest.

Anführer machen sich die hilfreichsten Umstände zunutze
Und passen ihre Pläne entsprechend an.
Strategen bedienen sich des Tao des Paradoxen.

Daher:
Wenn sie fähig sind, wirken sie unfähig.
Wenn sie zum Einsatz kommen, wirken sie nutzlos.
Wenn nahe, wirken sie fern.
Wenn fern, wirken sie nahe.

Sie locken durch Vorteile,
und kontrollieren durch Verwirrung.

Wenn bereit, scheinen sie mit Vorbereitungen beschäftigt.
Wenn kraftvoll, wirken sie ausweichend.
Wenn zornerfüllt, wirken sie nachgiebig.
Wenn stolz, wirken sie bescheiden.
Wenn geruhsam, wirken sie ungemein geschäftig.
Wenn geschlossen, wirken sie getrennt.

Sie greifen an, wenn der Gegner unvorbereitet ist,
Und tauchen auf, wo es der Gegner am wenigsten erwartet.

Das ist des Strategen Weg zum Sieg.
Er sollte vorher nicht in der Runde diskutiert werden.

夫未戰而廟算勝者，得算多也。

未戰而廟算不勝者，得算少也。

多算勝，少算不勝，而況於無算乎！

吾以此觀之，勝負見矣。

DIE VORAUSSAGE DES SIEGES

Die Siegreichen
Stellen in ihrem Hauptquartier
Eine große Zahl von Berechnungen an,
Bevor sie sich einer Herausforderung stellen.

Die Besiegten
stellen in ihrem Hauptquartier
eine geringe Zahl von Berechnungen an,
bevor sie sich der Herausforderung stellen.

Viele Berechnungen führen zum Sieg.
Wenig Berechnung führt zur Niederlage.
Um so mehr, wenn gar keine Berechnungen angestellt werden!

Wenn ich nur auf dieses eine achte,
Kann ich schon Sieg oder Niederlage vorauserkennen.

Der Begriff *Hauptquartier* kommt vom chinesischen Wort *Miao*,
was auch mit »Tempel« oder »Kaiserhof« übersetzt werden kann;
gemeint ist der zentrale Ort, von dem aus geherrscht wird.

Zweites Kapitel

DIE HERAUSFORDERUNG

(DIE BERECHNUNG DES AUFWANDS)

Sich einer Herausforderung zu stellen ist mit einem enormen Aufwand verbunden — sei es an Zeit, Geldmitteln oder emotioneller Energie — und jede Siegeszuversicht muß sich auf eine sorgfältige Analyse des Aufwandes gründen, die lange vor der tatsächlichen Konfrontation vorgenommen wird. Nur so kann ein überragender Führer sichergehen, daß die verfügbaren Hilfsgüter ausreichen werden, um die nötigen Anstrengungen bis zum Sieg durchstehen zu können. Um dafür zu sorgen, daß Hilfsmittel und Kräfte während des Konflikts nicht nachlassen, achten geschickte Führer darauf, daß eine rasche und rechtzeitige Strategie entworfen wird. Sun Tsu war der Überzeugung, daß ein Führer, der eine langwierige Operation beginnt, am Ende unterliegen wird, und betonte, daß »deshalb unter den Strategien der beste Sieg der rasche Sieg ist ... Es muß sich erst noch zeigen, daß eine langwierige Strategie von Vorteil für eine Organisation ist.«

Sun Tsu wies auch darauf hin, daß es zu den wichtigsten Taktiken jeder siegbringenden Strategie gehöre, sich der Hilfsmittel des Gegners zu bedienen. Kluge Strategen fügen dem Nachschub-System und den Hilfsquellen ihrer Gegner keinen Schaden zu. Statt dessen lassen sie die Stärken des Gegners für sich arbeiten. So wachsen ihre eigenen Kräfte, und das »Gesamte System« — von dem jeder ein Teil ist — wird nicht geschwächt.

KONFLIKT IM SELBST Der Aufwand zur Überwindung innerer Konflikte ist zuallererst ein gefühlsmäßiger, und nur durch Disziplin und Einsatzbereitschaft läßt er sich aufbringen. Um diese Herausforderung erfolgreich zu bestehen, muß man unbedingt daran erinnern, daß man den Teil in sich selbst, den es zu überwinden gilt, nicht zu zerstören sucht. Machen Sie sich statt dessen seine Kraft zu eigen, um sie bei ihrer Neuausrichtung mit zum Einsatz zu bringen.

Wenn Sie sich einem inneren Gegner stellen, vermeiden Sie Strategien, die langwierige Anstrengungen mit ständigem Wechsel zwischen Fortschritt und Stillstand erfordern. Siegbringende Strategien sind geschwind in ihrer vorwärtsdrängenden Schwungkraft und verbauen jede Möglichkeit zu Rückzug oder Rückkehr. Sie können einen breiten Fluß nicht überqueren, wenn Sie von Zeit zu Zeit zum diesseitigen Ufer zurückkehren, um sich auszuruhen. Halbherzige Maßnahmen werden nur Ihre Kräfte erlahmen lassen, Ihre Entschlossenheit verwässern und Ihrem Gegner das Heft in die Hand geben.

Wenn Sie entschieden haben, daß der emotionale Aufwand erbracht werden kann, und dann sich vom Ufer abstoßen, suchen Sie nach Wegen, sich die beträchtlichen Kräfte jenes Teils zu eigen zu machen, den, mit dem Sie sich in Konflikt befanden. Versuchen Sie sich die fehlgeleiteten Energien zunutze zu machen, indem Sie sie in einem positiven, praktischen Licht sehen. Ihre Absicht sollte darin liegen, vorwärts zu gehen, ohne zurückzublicken.

KONFLIKT MIT DER UMWELT Sich einem umgebungsbedingten Konflikt zu stellen kann einen hohen Aufwand an Zeit, Geld und Streß erforderlich machen, aber eine solche Herausforderung ist notwendig, wenn Ihre persönliche Entfaltung Fortschritte machen soll. Ein umgebungsbedingter Konflikt kann bestehen, weil eine Situation ihrem Wesen nach schlimm ist, oder er kann entstehen, weil Ihre Umgebung gerade zu diesem Zeitpunkt nicht gut für Sie ist. Entweder gewinnen Sie die Kontrolle über Ihre Umgebung, indem Sie eine verantwortlichere Aufgabe in ihr übernehmen, oder Sie müssen sich ganz von ihr lösen.

Weil der Aufwand so hoch ist und weil Rückzug oder Rückfälle Ihre Kräfte stark beanspruchen können, müssen Sie sich sicher sein, daß Sie Ihre Hilfsmittel sorgfältig analysiert haben, bevor Sie sich an die Herausforderung wagen. Wenn Sie sich zum Verlassen der Umgebung entscheiden, arbeiten Sie eine Strategie aus, die Sie an einen Ort führt, an dem Sie unabhängig bestehen können. Umfassende Vorausplanung ist von wesentlicher Bedeutung bei dieser Strategie.

Um zusätzlich für einen erfolgreichen Übergang zu sorgen, sollten Sie sich eine Methode einfallen lassen, gegen die Umgebung zu »schieben«; Sie machen sich so ihre Kraft und Starrheit als vorwärtstreibende Energie zunutze. Lassen Sie in Ihrer Strategie keinen Raum für Zögern oder Abhängigkeiten; achten Sie sorgfältig darauf, Ihrer Umgebung in keiner Weise Schaden zuzufügen. Es ist durchaus möglich, daß Sie sich später ihrer Hilfsmittel bedienen müssen.

KONFLIKT MIT EINEM ANDEREN Der Aufwand im Rahmen eines zwischenmenschlichen Konflikts ist in erster Linie ein emotiöneller. Nichtverhandelbare Konflikte können sehr schmerzhaft sein, weil hier Erfolg zumeist die Beendigung der Beziehung oder ihre grundlegende Wandlung bedeutet. Aus diesem Grunde sind sorgfältige Analyse und Akzeptieren des emotionalen Aufwands wesentliche Vorbedingung für den Erfolg.

Verwicklungen und etablierte Verhaltensmuster in zwischenmenschlichen Beziehungen machen es sehr schwer, sie anzugehen. Sie müssen eine umfassende Strategie entwerfen — eine Strategie, die rasch zum Einsatz kommen kann und einen gesicherten Zielpunkt vorbereitet hat, der Sie nicht in Versuchung führt, zum Ausgangspunkt zurückzukehren. Rückzug während einer zwischenmenschlichen Konfrontation untergräbt Ihre Kräfte und zieht Ihre Probleme in die Länge.

Als Hilfe für eine erfolgreiche Strategie bei einem zwischenmenschlichen Konflikt sollten Sie die Stärken und Vorzüge bewerten und analysieren, die Sie aus der Beziehung gewonnen haben. Konzentrieren Sie sich emotional unbeteiligt auf diese Dinge, nutzen Sie Ihre Energien — nicht um den Rückzug anzutreten, sondern als Hilfe, um einen Weg aus dem Teufelskreis des Konflikts zu visualisieren. Vergessen Sie dabei nicht: Wenn Sie aus Wut oder Rachegefühlen handeln, wird Ihnen diese positive Energie nicht zur Verfügung stehen.

KONFLIKT UNTER FÜHRUNGSPERSONEN Konflikte unter Führungspersonen und zwischen Organisationen sind in Wirklichkeit tief in unserer Gefühlswelt verankert, weil unsere Organisationen sowohl die Grenzen unserer Entfaltung als Kultur als auch die Chancen für den Erfolg des einzelnen abstecken. Bevor er sich einer Herausforderung stellt, muß sich der Führer einer Organisation sicher sein, daß sie in der Lage ist, den Aufwand einer Konfrontation zu tragen. Mangelnde Rückendeckung wird beim Streit zwischen Organisationen zur Niederlage führen.

Bei der Entwicklung einer Strategie machen ungeschickte Führer manchmal den Fehler, zu glauben, eine Zerstörung der gegnerischen Hilfsmittel würde ihnen den Sieg bringen. Überragende Führer wissen, daß eine solche Zerstörung das gesamte System schädigt, was ihre eigenen Hilfsmittel und Chancen verringert. Sie lassen sich niemals auf zerstörerische Aktionen ein. Statt dessen konzentrieren sie sich darauf, durch Handel und Wandel die Hilfsmittel des Gegners umzudirigieren, um sie ihren eigenen Zielen dienstbar zu machen.

Der Schlüssel zum Sieg bei einer Konfrontation zwischen Organisationen ist eine Strategie, die schnell zum Einsatz kommen und rasch umgesetzt werden kann. Hoher Aufwand und eine große Zahl Gleichgesinnter sind zu ihrer Unterstützung nötig, deshalb sind langwierige Strategien mit längeren Phasen der Unentschlossenheit zum Mißerfolg verurteilt. Sun Tsu betonte, daß »grobschlächtige, doch rasche Strategien bekannt geworden sind, aber Geschick bei langwierigen Strategien muß erst noch bewiesen werden«.

孫子曰：

凡用兵之法，馳車千駟，革車千乘，帶甲十萬，千里饋糧。

內外之費，賓客之用，膠漆之材，車甲之奉。

日費千金，然後十萬之師舉矣。

DEN AUFWAND ABSCHÄTZEN

Sun Tsu sagte:

Eine Kunstvolle Strategie muß im allgemeinen getragen werden von
Tausend schnellen, vierspännigen Wagen,
Tausend gepanzerten, vierspännigen Wagen,
Hunderttausend bewaffneten Soldaten
und Vorräten, die über tausend Meilen transportiert werden.

Darüber hinaus entsteht weiterer Aufwand durch interne Belange:
Für Besucher und Berater;
Für Harz, Lacke, und andere Baumaterialien;
Für Pflege und Wartung der Waffen und Wagen.

Um ein Korps der Hunderttausend aufzustellen,
Werden täglich tausend Goldstücke ausgegeben.

Der Begriff *Meilen* stammt vom chinesischen Wort *Li* und bezieht
sich auf eine Entfernung von etwa 600 Metern.

Das Wort Wagen kann auch mit
»Kutsche«, »Kampfwagen« oder »Karre« übersetzt werden.

其用戰也，勝。久則鈍兵挫銳，攻城則力屈，久暴師則國用不足。

夫鈍兵挫銳，屈力殫貨，則諸侯乘其弊而起，雖有智者，不能善其後矣！

故兵聞拙速，未睹巧之久也。夫兵久而國利者，未之有也。

故不盡知用兵之害者，則不能盡知用兵之利也。

RASCH WIRKSAME STRATEGIEN

Läßt der Sieg auf sich warten,
Wenn die Herausforderung begonnen wurde,
Dann wird die Strategie stumpf und der Eifer erlahmt.
Wird eine befestigte Stellung angegriffen,
Setzt man seine Kräfte aufs Spiel.
Dauert die Operation der Truppe im Feld zu lange,
Wird der Nachschub der Organisation mangelhaft.

Wenn die Strategie stumpf und der Eifer erlahmt ist,
Wenn die Kräfte schwinden und die Hilfsmittel erschöpft sind,
Werden andere Führer auf den Plan treten,
Um aus dieser Schwächung Vorteil zu ziehen.

Selbst die Allerklügsten
Können die Folgen nicht mehr abwenden!

Grobschlächtige, aber rasche Strategien hat es schon gegeben,
Geschick in langwierigen Unternehmungen
Muß sich jedoch erst noch zeigen.
Der Vorteil einer langwierigen Strategie für eine Organisation
Muß erst noch bewiesen werden.

Deshalb: Wer sich nicht voll und ganz
Unvorteilhafter Strategien bewußt ist,
Kann sich nicht voll und ganz vorteilhafter Strategien gewahr sein.

Der Begriff *befestigte Stellung* stammt von einem Ideogramm, das die
Mauern einer Stadt bezeichnet. Größere Städte im alten China lagen
innerhalb hoher Mauern, errichtet, um die Stadt vor
Banditen oder Eroberern zu schützen.

Der Begriff *Truppe* stammt von einem Ideogramm, das auch mit »Militär«,
»Korps« oder »nationale Verteidigung« übersetzt werden kann.

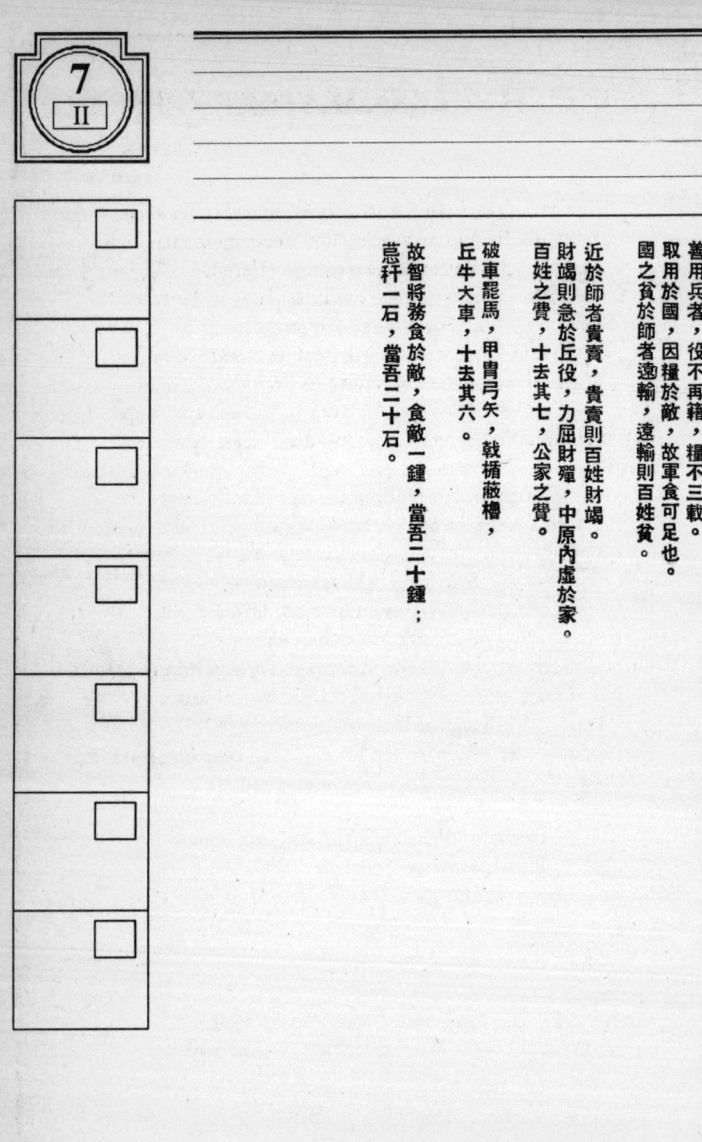

善用兵者，役不再籍，糧不三載。
取用於國，因糧於敵，故軍食可足也。
國之貧於師者遠輸，遠輸則百姓貧。

近於師者貴賣，貴賣則百姓財竭。
財竭則急於丘役，力屈財殫，中原內虛於家。
百姓之費，十去其七，公家之費。

破軍罷馬，甲冑弓矢，戟楯蔽櫓，
丘牛大車，十去其六。

故智將務食於敵，食敵一鍾，當吾二十鍾；
萁秆一石，當吾二十石。

DIE MITTEL DES GEGNERS NÜTZEN

Wer geschickt in der Ausführung einer Strategie ist,
Kommt nicht immer wieder, um Steuern einzutreiben
Oder Proviant zu transportieren.
Er bringt aus der Organisation mit, was von Nutzen ist,
Und läßt sich vom Gegner den Weg zum Nachschub zeigen.
Auf diese Weise wird die Truppe angemessen verpflegt.
Führt eine Organisation Transporte
Über große Entfernung zur Truppe,
Läßt der Langstreckentransport das Volk verarmen.

Ist das Heer in der Nähe, treibt das die Preise hoch;
Und hochgetriebene Preise zehren Geld und Gut des Volkes auf.
Während Geld und Gut aufgezehrt werden,
Steigen die Steuern und werden drückender.
Das Vermögen des Staates erschöpft sich, seine Kraft erlahmt.
Die Häuser der Menschen leeren sich,
Und sie verlieren siebzig Prozent ihres verfügbaren Einkommens.

Sechzig Prozent der öffentlichen Ausgaben
Werden ausgegeben für:
Defekte Wagen und ermüdete Pferde;
Panzer, Pfeile und Armbrüste;
Speere, Schilder und Schutzwehre;
Und schwerere Ochsen und größere Wagen.

Kluge Anführer sind deshalb darauf bedacht,
Die Lebensmittel des Gegners zu verwenden.
Ein Behälter gegnerischer Lebensmittel
Wiegt zwanzig Behälter der eigenen auf;
Und eine Einheit Viehfutter
Wiegt zwanzig Einheiten des eigenen auf.

Das Wort *Volk* kommt vom chinesischen Ausdruck »Die hundert Familien«
und bezieht sich auf die hundert Klan-Namen
bzw. auf die Bevölkerung als Ganzes.

Das Wort *Einheit* kommt vom chinesischen *Tan*, das auch mit »Pikul«
übersetzt werden kann, eine ostasiatische Getreide-
Trockenmaßeinheit (ca. 120 Pfund).

Das Wort *Staat* kommt vom Ideogramm für »zentrale Ebenen« und bezieht
sich auf die flußabwärts gelegenen Gebiete des Gelben Flusses, eine
damals und heute stark bevölkerte Region Chinas.

故殺敵者，怒也；取敵之利者，貨也。

故車戰，得車十乘以上，賞其先得者，而更其旌旗。車，雜而乘之；卒，善而養之。

是謂勝敵而益強。

故兵貴勝，不貴久。

故知兵之將，民之司命，國家安危之主也。

SICH DES GEGNERS KRAFT
EINVERLEIBEN

Wer den Gegner vernichtet, handelt aus Zorn und Wut.
Wer den Gegner gefangennimmt,
Kann aus seinen Hilfsmitteln Vorteil ziehen.

Deshalb: Belohne, wer während eines Kampfes
Zehn oder mehr Gefährte erobern kann.
Wechsle Banner und Fahnen der eroberten Wagen
Und führe sie den deinen zu;
Behandle Gefangene gut und bilde sie aus.

Das heißt: Den Sieg über den Gegner dazu verwenden,
Die eigene Stärke zu erhöhen.

Unter allen Strategien ist deshalb ein rascher Sieg die beste.

Anführer, die strategisches Handeln begriffen haben,
Bestimmen deshalb das Geschick der Volkes
Und entscheiden über Stabilität oder Instabilität der Organisation.

Drittes Kapitel

DER
ANGRIFFSPLAN

(DIE ENTWICKLUNG EINER
FEHLERFREIEN STRATEGIE)

Sun Tsu glaubte, daß nur eine ausgeklügelte Strategie zu einem vollständigen und bleibenden Sieg führt, eine Strategie, die auf den Geist des Gegners überzeugend wirkt. Überragende Führer besitzen die Fähigkeit, den Willen ihrer Gegner zu beugen, ohne jemals in direkte Konfrontation einzutreten. Sie planen ihre Strategie so, daß ihr Sieg unvermeidlich, für jedermann erkennbar und eindeutig zu erwarten ist. Diese siegverheißende Strategie erwächst aus gründlicher Analyse des Gegners und umfassender und tiefgehender Selbsterkenntnis. Sun Tsu betonte: »Erkenne den anderen, und erkenne dich selbst: hundert Herausforderungen ohne Gefahr; erkenne den anderen nicht, doch erkenne dich selbst: für einen Sieg, eine Niederlage; erkenne nicht den anderen und erkenne dich selbst nicht: Jeder Kampf bringt den sicheren Untergang.«

Sun Tsu bezeichnete den Angriff auf ein schon befestigtes Gebiet und die Konfrontation mit einem zahlenmäßig überlegenen oder mächtigeren Gegner als taktische Fehler, die zur sicheren Niederlage führen. Er warnte auch vor den Fehlern von Anführern, die realistisch betrachtet unausführbare Pläne entwerfen. Unrealistische taktische Planung wird die Strategie ins Chaos stürzen und den Gegner in Vorteil bringen. Sun Tsu sagte: »Das ist es, was man versteht unter einer ungeordneten Truppe, die den Sieg einer anderen herbeiführt.«

KONFLIKT IM SELBST Wenn Sie einen inneren Konflikt erkannt und den gefühlsmäßigen Aufwand einer Konfrontation mit ihm analysiert haben, ist es an der Zeit, einen realistischen Plan zu entwerfen. Die Art der Strategie, für die Sie sich entscheiden, hängt davon ab, ob der Konflikt isoliert werden kann, um ihn direkt angehen zu können, oder ob er in Wahrheit nur die Spitze eines Eisbergs bildet, der tiefer in andere Bereiche Ihres Lebens hineinreicht.

Kann Ihr innerer Konflikt isoliert werden — beispielsweise eine Gewohnheit, die Sie brechen, oder eine Angst, die Sie überwinden wollen —, dann ist ein direkter Angriff mit entschlossenem Vorwärtsschwung der sichere Weg zum endgültigen Sieg. Wenn

Ihr Konflikt jedoch mit anderen Bereichen Ihrer Persönlichkeit verflochten ist, beispielsweise mit einer destruktiven Haltung oder einem Charakterfehler, dann würde eine direkte Konfrontation nur Ihre Kräfte erschöpfen. Eine umfassendere, langfristige Strategie ist in diesem Fall das Mittel der Wahl, um die Gesamtsituation zum Guten zu wenden.

Versuchen Sie, soviel wie möglich über Ihren inneren Widersacher herauszufinden, über seine Reaktionsmuster, über die anderen Lebensbereiche, in die er hineinwirkt. Diese Bereiche müssen allesamt identifiziert und gleichzeitig angegangen werden, wenn man siegreich bestehen will. Ständige Wachheit, Aufmerksamkeit und strategische Neuanpassung sind die Schlüssel zur Überwindung eines tiefwurzelnden inneren Gegners.

KONFLIKT MIT DER UMGEBUNG Ein Konflikt in der Umwelt (z. B. eine blockierte berufliche Karriere oder eine destruktive Umgebung) wirkt unter Umständen furchterregender als der Mensch, der sich ihm stellt. Was da jedoch herausgefordert wird, ist nicht die Umwelt an sich, sondern die Art Ihrer Teilhabe an ihr. Können Sie sich an Ihre Umgebung anpassen oder Ihre Beziehung zu ihr so verändern, daß Ihren Bedürfnissen Genüge getan wird? Wenn nicht, dann bedienen Sie sich ihrer, um Sie auf Ihrem Weg vorwärtszutreiben.

Ein direkter Angriff auf eine bestehende Umgebung bringt alle taktischen Fehler ins Spiel, die Sun Tsu beschrieben hat. Eine Umgebung ist größer und stärker, als Sie es sind. Sie ist ein »befestigtes« Gebiet — befestigt, weil viele andere, so wie sie ist, in sie investiert haben: Sie könnte sonst ja nicht überleben. Ein direkter Angriff wird deshalb zwangsläufig erfolglos bleiben müssen. Starke Umgebungen sind wie starke Immunsysteme, die räuberische Zellen rasch zerstören.

Um einen umgebungsbedingten Konflikt zu lösen, entwickeln Sie eine Strategie auf der Basis einer sorgfältigen Analyse Ihrer Umgebung: Wie funktioniert sie? Was sichert ihren Bestand? Was geschieht oder geschieht nicht mit den Menschen, die an ihr beteiligt sind? Studieren Sie dann sich selbst: Warum sind Sie beteiligt? Wohin wollen Sie? Welche Schritte sind nötig, um dorthin zu gelangen? Die Antworten auf diese Fragen werden Ihnen helfen, einen Plan zu entwerfen — einen Plan, der Ihnen den Weg zeigen kann, Ihrem Leben die Richtung zu geben, die Sie sich wünschen.

KONFLIKT MIT EINEM ANDEREN Zwischenmenschliche Konflikte sind stark emotional gefärbt und eng verknüpft mit anderen Bereichen Ihres Lebens — mit Gesundheit, beruflicher Karriere und persönlicher Entwicklung. Was ist stärker und kraftvoller: Ihre Entschlossenheit, den Konflikt zu beenden, oder Ihre Angst, die Beziehung zu verlieren? Um über den Konflikt zu triumphieren, müssen Sie Ihre Motive genauestens ergründen, denn sie beschreiben Ihr Schicksal.

Wenn Sie sich Ihrer Absicht nicht sicher sind, dann ist Ihr Gegner offensichtlich in der stärkeren Position. Dann werden Sie warten müssen, bis Ihre Entschlossenheit wächst und das Gleichgewicht der Kräfte zu Ihren Gunsten ausschlägt, bevor Sie eine gewinnbringende Strategie entwerfen und zur Entfaltung bringen können. Wenn Sie sich andererseits über Ihre Absichten im klaren sind, dann ist der Sieg über den Konflikt gewiß — obwohl Sie begreifen sollten, daß Ihr Sieg über einen nichtverhandelbaren Konflikt sehr wahrscheinlich die Beziehung, so wie Sie sie kennen, beenden wird.

Eine eingehende Selbstprüfung ist hier am wichtigsten, weil die Neigung besteht, sich immer wieder zum gleichen Persönlichkeitstypus und zu den gleichen Problemen hingezogen zu fühlen. Die beste Verteidigung ist hier ein waches Bewußtsein des zugrundeliegenden Verhaltensmusters, unabhängig von seinem tieferliegenden Grund. Verborgen in dieser Wachheit liegt der Schlüssel für eine siegbringende Strategie.

KONFLIKT UNTER FÜHRUNGSPERSONEN Bei einem Konflikt zwischen Organisationen liegt das Ziel eines geschickten, intelligenten Führers darin, über die rivalisierende Organisation zu triumphieren, ohne ihre Hilfsmittel zu zerstören. Um dieses Ziel zu erreichen, muß ein Führer auf die gegnerische Organisation in ihrer Gesamtheit einwirken und sich dabei sorgsam gesammelter Informationen bedienen, um destruktiven Widerstand vorauszusehen und zu neutralisieren.

Natürlich kann ein direkter Angriff einer stärkeren Organisation zu einem Sieg auf der ganzen Linie verhelfen, aber im allgemeinen verschmähen geschickte Führer diese Taktik, weil sie die Hilfsgüter des gesamten Systems schmälert und vernichtet, was vielleicht einmal ein »guter Kunde« werden könnte. Überragende Führer sind sich stets des gesamten Systems bewußt, sowohl innerhalb als auch außerhalb ihrer Organisation. Sie wissen, daß eine Schädigung oder Vernichtung äußerer Systembereiche ihr eigenes Wachstum behindern wird, während andererseits die Sicherung der Gefolgschaft ihrer Rivalen und die Einverleibung ihrer Hilfsgüter ihre Strategie zusätzlich fördert.

Hat sich eine Organisation erst einmal in Bewegung gesetzt, um in eine direkte Konfrontation einzutreten, dann mischen sich geschickte Führer nicht in die Arbeit der Spezialisten, die zur Ausführung der Strategie eingesetzt werden. Unrealistische Taktiken, bürokratische Verfahren und unfähige Gruppenführer setzen die Kräfte der Organisation aufs Spiel. Interne Fehler dieser Art sorgen dafür, daß schwächere Gegner mächtige Organisationen stürzen können.

孫子曰：

凡用兵之法，全國爲上，破國次之；全軍爲上，破軍次之；全旅爲上，破旅次之；全卒爲上，破卒次之；全伍爲上，破伍次之。

是故百戰百勝，非善之善者也，不戰而屈人之兵，善之善者也。

故上兵伐謀，其次伐交，其次伐兵，其下攻城。

攻城之法，爲不得已。修櫓轒輼，具器械，三月而後成；距闉，又三月而後已。將不勝其忿，而蟻附之，殺士三分之一，而城不拔者，此攻之災也。

故善用兵者，屈人之兵，而非戰也；拔人之城，而非攻也；毀人之國，而非久也。

必以全爭於天下，故兵不頓，而利可全。

此謀攻之法也。

DER EINSATZ DES GESAMTEN SYSTEMS

Sun Tsu sagte:

Bei der Durchführung einer Kunstvollen Strategie
Ist im allgemeinen:
Das Einwirken auf die Gesamtheit einer Organisation vorbildlich;
Eine Organisation zu vernichten mittelmäßig.
Das Einwirken auf die Gesamtheit eines Korps vorbildlich;
Ein Korps zu vernichten mittelmäßig.
Das Einwirken auf die Gesamtheit einer Kompanie vorbildlich;
Eine Kompanie zu vernichten mittelmäßig.
Das Einwirken auf die Gesamtheit einer Gruppe vorbildlich;
Eine Gruppe zu vernichten mittelmäßig.
Das Einwirken auf die Gesamtheit einer Einheit vorbildlich;
Eine Einheit zu vernichten mittelmäßig.

Deshalb: Wer hundert Siege in hundert Kämpfen erringt,
Beweist nicht höchstes Geschick.
Höchstes Geschick beweist, wer Strategie anwendet,
Um andere zu unterwerfen,
Ohne es dabei zum Kampf kommen zu lassen.

Die vorbildliche Strategie ist deshalb, einen Plan zu vereiteln.
Die nächstbeste ist, eine Verhandlung zu vereiteln.
Die nächstbeste ist, eine Strategie zu vereiteln.
Mittelmäßiges Vorgehen bedeutet,
Ein befestigtes Gebiet anzugreifen.

Der Angriff auf ein befestigtes Gebiet
Ist nur eine Kunst des letzten Auswegs:
Drei Monate währt das Auftreiben gepanzerter Wagen,
Werkzeuge und entsprechender Fähigkeiten;
Es dauert weitere drei Monate,
um eine Bresche in die Mauern zu schlagen;
Zornentbrannte Anführer werden nicht siegen,
Sondern umherschwärmen wie die Ameisen,
Was zur Vernichtung eines Drittels ihrer Truppen führt —
Und immer noch halten die Befestigungen stand.
Das ist es, was einen solchen Angriff so katastrophal macht.

Wer geschickt ist in der Durchführung einer Strategie,
Bezwingt die Strategie anderer ohne direkte Konfrontation;
Zerstört die Befestigungen der anderen, ohne anzugreifen;
Nimmt die Organisationen anderer in sich auf,
Ohne langwierige Operationen.

Von wesentlicher Bedeutung ist es,
Die Gesamtheit des Systems zum Einsatz zu bringen.
So hört die Strategie niemals auf, und der Gewinn ist vollständig.

Das ist die Kunst des Angriffsplans.

Der Begriff *Gesamtes System* stammt vom Ideogramm für
»unterhalb des Himmels« und bezieht sich im allgemeinen auf einen
Staat und seine Gesellschaft. Es wird auch mit »Welt« oder
»alle Dinge unter dem Himmel« übersetzt.

故用兵之法：

十則圍之，五則攻之，
倍則分之。

敵則能戰之。

少則能守之，
不若則能避之。

故小敵之堅，大敵之擒也。

DIE REGELN DER ZAHL

Bei der Ausführung einer Kunstvollen Strategie:

Wenn zehnmal größer,
Umzingle sie,
Wenn fünfmal größer,
Greife sie an.
Wenn doppelt so groß,
Zerstreue sie.

Ist der Gegner zum Angriff bereit:

Wenn geringer an Zahl,
Sei bereit, ihm auszuweichen.
Wenn dem Treffen nicht gewachsen,
Sei bereit, ihn zu meiden.

Auch wenn schwächere Gegner eine starke Stellung einnehmen,
Wird der Stärkere sie gefangensetzen.

夫將者，國之輔也，輔隙則國必弱，輔周則國必強。

故君之所以患於軍者三：

不知軍之不可以進，而謂之進；不知軍之不可以退，而謂之退，是謂縻軍。

不知三軍之事，而同三軍之政，則軍士惑矣。

不知三軍之權，而同三軍之任，則軍士疑矣。

三軍既惑且疑，則諸侯之難至矣。

是謂亂軍引勝。

64

DIE DREI FEHLER DER ANFÜHRER

Führer wird genannt, wer die Organisation schützt.
Ist der Schutz vollständig, wird die Organisation stark sein.
Ist der Schutz mangelhaft, wird die Organisation verwundbar sein.

Ein Herrscher kann in dreifacher Weise das Heer in Not bringen:

Wenn er nicht begreift, daß das Heer nicht vorrücken kann,
Und dennoch das Vorrücken befiehlt.
Oder wenn er nicht begreift,
Daß das Heer keinen Rückzug antreten kann,
Und dennoch den Rückzug befiehlt.
Das nennt man dem Heer Fesseln anlegen.

Das Unverständnis des Zusammenwirkens des gesamten Heeres
Und die Ausrichtung des gesamten Heeres nach politischen Leitlinien
Haben zur Folge, daß einzelne in der Truppe in Zweifel geraten.

Die Unkenntnis der natürlichen Autorität des gesamten Heeres
Und die Ausrichtung des gesamten Heeres nach ernannten Beamten
Haben zur Folge, daß einzelne in der Truppe skeptisch werden.

Wenn die gesamte Truppe Zweifel hegt
Und darüber hinaus skeptisch ist,
Können andere Anführer ernste Schwierigkeiten verursachen.

Man nennt das: Eine ungeordnete Truppe
Verhilft einer anderen zum Sieg.

Das Wort *Herrscher* kommt vom chinesischen Wort *Chun*, das mit
»Monarch« oder »König« übersetzt werden kann. Es bezieht sich auf die
höchste Autorität, auf die Regierung und ihre Gesetze und Verordnungen.

Der Begriff *gesamte Truppe* kommt vom Ideogramm für »drei Heere«
und bezieht sich auf die drei militärischen Truppenformationen:
Vorhut, Nachhut und Hauptheer.

故知勝有五：

知可以與戰，不可以與戰者勝；
識眾寡之用者勝；上下同欲者勝；
以虞待不虞者勝；將能而君不御者勝。

此五者知勝之道也。

故曰：知彼知己，百戰不殆；不知彼而知己，
一勝一負；不知彼不知己，每戰必殆。

GRUNDVORAUSSETZUNGEN
FÜR DEN SIEG

Fünf Wege sind es, die zum Sieg führen:

Wer erkennt, wann ein Angriff angebracht ist und wann nicht,
Wird siegen.
Wer erkennt, wie er die Zahlreichen und die wenigen einsetzt,
Wird siegen.
Wer erstrangige von zweitrangigen Zielen unterscheiden kann,
Wird siegen.
Wer sich bereit macht, auf die Unvorbereiteten zu warten,
Wird siegen.
Wer ohne Einmischung des Herrschers führt,
Wird siegen.

Wer diese fünf und auch das Tao kennt, wird siegen.

Deshalb heißt es:
»Erkenne den anderen und erkenne dich selbst:
Hundert Herausforderungen ohne Gefahr;
Erkenne den anderen nicht, doch erkenne dich selbst:
Für einen Sieg eine Niederlage;
Erkenne den anderen nicht und erkenne dich selbst nicht:
Jeder Kampf bringt den sicheren Untergang.«

Viertes Kapitel

DIE RECHTE STELLUNG

(SICH IN SIEGBRINGENDE POSITION BRINGEN)

Geschickte Kämpfer«, sagte Sun Tsu, »führen eine Situation herbei, die sie selbst unbesiegbar macht, und versäumen keine Gelegenheit, dem Gegner eine Niederlage beizubringen.« Diese einfache Formel für den Sieg durch Stellungbeziehen ist einer der Grundpfeiler der Kunst der Strategie. Geschicktes In-Stellung-Gehen* macht Sieg oder Niederlage für jeden Beteiligten offenkundig, lange bevor es zur irgendeiner Konfrontation kommt. Für einen klugen Strategen ist der Sieg mühelos, und eine direkte Konfrontation wird schließlich zu einer überflüssigen Übung. Sun Tsu war überzeugt: Jemanden herauszufordern ohne die absolute Gewißheit, siegreich zu bestehen, ist das Zeichen für einen mittelmäßigen Strategen.

Sun Tsu skizzierte eine Stellungsstrategie, die sorgfältig ausgeführt werden muß, um den Sieg zu garantieren. Geschickte Strategen nehmen dem Gegner die Chance zu einem Angriff, indem sie unsichtbar werden, naht- und fehlerlos. Gleichzeitig sammeln sie Nachrichten und Informationen und analysieren sie im Lichte ihrer Absichten und Ziele. Sie bewegen sich parallel zu den übergeordneten Strömungen und Trends in der Welt, um so stets auf der Höhe der Zeit zu bleiben. Dann warten sie auf einen Schachzug des Gegners, denn wohlpositionierte Strategen lassen sich durch die Aktionen des Gegners zum Sieg führen.

KONFLIKT IM SELBST   Viele innere Konflikte — wie etwa Motivation und Leistung blockierende Charakterfehler — sind zu massiv, um direkt angegangen zu werden. Aus irgendeinem Grunde hat dieser innere Gegner einen Platz in Ihrem Leben bekommen, und dieser Spielraum muß ihm genommen werden. Entfernen Sie

* R. L. Wing übersetzt den Titel dieses Kapitels mit »Positioning«. Bei den möglichen deutschen Übersetzungen (»In Stellung gehen, positionieren, an die rechte Stelle setzen« etc.) kommt die taktisch-dynamische Färbung des Ausdrucks zu kurz. Es geht nicht darum, eine einmal eingenommene »Stellung« starr besetzt zu halten, sondern durch ständigen dynamischen Stellungswechsel stets auf der Suche nach der jeweils optimalen Position zu bleiben. »Positionieren, in Stellung gehen« bedeutet folglich das Gegenteil von »sich eingraben, sich fest an einem Ort verankern«. Die meisten anderen deutschen Übersetzungen behelfen sich übrigens mit dem Begriff »Taktik«, um dieses Kapitel zu überschreiben.

diesen inneren Widersacher aus Ihrem Leben durch Modifizierung Ihrer Position in der Welt. Um einen möglichst mühelosen Sieg zu erringen, sollten Sie sich dabei Ihrer unmittelbaren Umgebung bedienen: Beobachten Sie gesellschaftliche Trends oder Verhaltensweisen, die Ihren Zielen entgegenkommen, und passen Sie sich ihnen an. Konzentrieren Sie sich auf sie, und sorgen Sie dafür, daß durch ihren Einfluß Ihre Entschlossenheit noch fester wird.

Schützen Sie Ihre Verteidigung gegen gefährliche Rückschläge: Entfernen Sie jedes Element in Ihrer Umgebung, das zum Problem beitragen könnte. Halten Sie Ausschau nach Hilfe aus Ihrer Umgebung und in der Gesellschaft, um Ihre Selbstdisziplin zu stärken. Wenn Sie ein würdiges Ziel verfolgen, Ihre Umgebung Ihnen aber die Unterstützung versagt, ist möglicherweise zusätzlich ein umweltbedingter Konflikt im Spiel.

Wenn Sie sich über Ihre Ziele noch nicht im klaren sind, wenn Sie sich nicht sicher sind, daß Sie siegreich bestehen werden, dann halten Sie sich noch zurück, und warten Sie, bis Sie eine günstigere Position einnehmen. Wie Hitze und Kälte abwechselnd den Stahl eines Schwertes härten, so wird ein Fehlstart Ihren inneren Gegner nur noch stärker machen. Erst wenn Ihr Plan ausgereift ist und wenn Sie sich Ihres letztlichen Triumphs gewiß sein können, sollten Sie Ihre Strategie zur Entfaltung bringen.

KONFLIKT MIT DER UMWELT Bei der Entwicklung einer Strategie zur Überwindung eines umweltbedingten Konfliktes ist das Stellungbeziehen Ihre wirksamste Taktik. Umgebungen können allgegenwärtig und stark sein, aber sie sind statisch, und ihre Position liegt immer für jedermann sichtbar zutage. Ihr Vorteil gegenüber einem solch machtvollen Gegner ist Ihre Flexibilität und die Fähigkeit, Ihre wahren Absichten zu verbergen.

Gehen Sie niemals gegen eine Umgebung vor, solange Sie sich nicht erfolgreich über sie hinwegsetzen können. Um den Erfolg sicherzustellen, müssen Sie sich gegen einen Angriff wappnen: Bleiben Sie unsichtbar, und vermeiden Sie jeden Fehler. Gleichzeitig müssen Sie sich bereit machen, schnell zu reagieren, wenn sich die

Gelegenheit bietet. Sun Tsu sagte: »Geschickte Verteidiger sind unsichtbar wie das Niedrigste auf Erden. Geschickte Angreifer bewegen sich in Harmonie mit dem Höchsten im Himmel. Deshalb bleiben sie geschützt, während sie den vollständigen Sieg erringen.«

Obwohl viel Planung und Arbeit in das strategische Stellungbeziehen einfließen muß, wird ein bleibender Sieg über einen umweltbedingten Konflikt völlig natürlich wirken, wenn er sich schließlich einstellt. Damit der Übergang glatt und reibungslos vonstatten geht, sollten Sie Ihren neuen Bestimmungsort sorgfältig studieren und sich schon lange vor jeder Aktion in Übereinstimmung mit seinen Rhythmen, Grundsätzen und Verhaltensmustern bringen.

KONFLIKT MIT EINEM ANDEREN Die Überwindung zwischenmenschlicher Konflikte ist eine transaktionale Kampfkunst mit einer Strategie in drei Schritten: Studieren Sie Ihren Gegner und das Grundmuster des Konflikts; beziehen Sie eine Stellung, die Sie schützt und Ihren Gegner exponiert; warten Sie dann, bis Ihr Gegner handelt. Sun Tsu sagte: »Wer im Konflikt geschickt vorgeht, kann sich gegen eine Niederlage wappnen, aber es ist der Gegner, der die Gelegenheit zum Sieg bringt.«

Der zweite Schritt in dieser Strategie, das Stellungbeziehen, ist der Grundstein zum Sieg. Um in Stellung zu gehen, sollten Sie unbedingt dafür Sorge tragen, daß Sie integer handeln, daß Ihre Handlungen ohne Fehl und Tadel sind, daß Sie sich nichts zuschulden kommen lassen. So bleiben Sie während der Ausführung Ihres Plans unangreifbar. Während Sie Ihre Stellung unsichtbar und fehlerfrei gestalten, konzentrieren Sie Energie und Aufmerksamkeit auf die Handlungen Ihres Gegners, um Schwächen und mangelnde Integrität bloßzustellen.

Nur nüchterne, methodische, entschlossene Planung wird zu einem bleibenden Sieg führen. Emotionelle Erregung und übereilte Reaktionen unterminieren Ihre Strategie und führen zu heftigerem Konflikt. Bei der Überwindung von Konflikten werden Sie das Szenario entwerfen, das Ihre Ziele widerspiegeln soll; aber Ihr

Gegner ist es, der es ausagieren muß. Kommt die Strategie korrekt zur Entfaltung, wird der Sieg für jedermann augenfällig sein.

KONFLIKT UNTER FÜHRUNGSPERSONEN Strategisches Positionieren wird bei einem Konflikt unter Organisationen nicht nur den Sieg bringen: Er wird sich gleichzeitig ohne verschwenderische Grabenkämpfe und kostspielige Konfrontationen einstellen. Nur die besten Führer werden diesen Idealsieg erringen, denn die Kunst des Stellungbeziehens ist eine eher im verborgenen angesiedelte, unterschwellige Strategie. Es gibt keine Helden und keinen Siegespreis, und es darf keine Fehler geben.

Eine strategisch positionierte Organisation liefert dem Gegner keine Blöße, weil sie sich nicht mit unethischen Aktivitäten abgibt und sich absichtlich im Hintergrund hält. Die Verteidigungslinien der Organisation halten stand und sind durch ihre Integrität geschützt. Diese Hintergrundstellung wirft ein Schlaglicht auf die Aktionen der rivalisierenden Organisation und fördert ihre Fehler und Schwächen zutage.

Sun Tsu hob hervor: »Wer geschickt im Umgang mit Strategie ist, kultiviert das Tao, um seine Kunst zu vervollkommnen. Sieg und Niederlage können daher von politischen Handlungen abhängen.« Überragende Führer passen sich selbst und ihre Organisation den herrschenden Hauptströmungen und der Gefühlslage der Gesellschaft an. Sie festigen so Kraft und Stellung ihrer Organisation und gewinnen einen entscheidenden Verhandlungsvorsprung.

孫子曰：

昔之善戰者，先為不可勝，以待敵之可勝。

不可勝在己，可勝在敵。

故善戰者，能為不可勝，不能使敵必可勝。

故曰：勝可知而不可為。

不可勝者，守也；可勝者，攻也。

守則不足，攻則有餘。

善守者藏於九地之下，善攻者動於九天之上，

故能自保而全勝也。

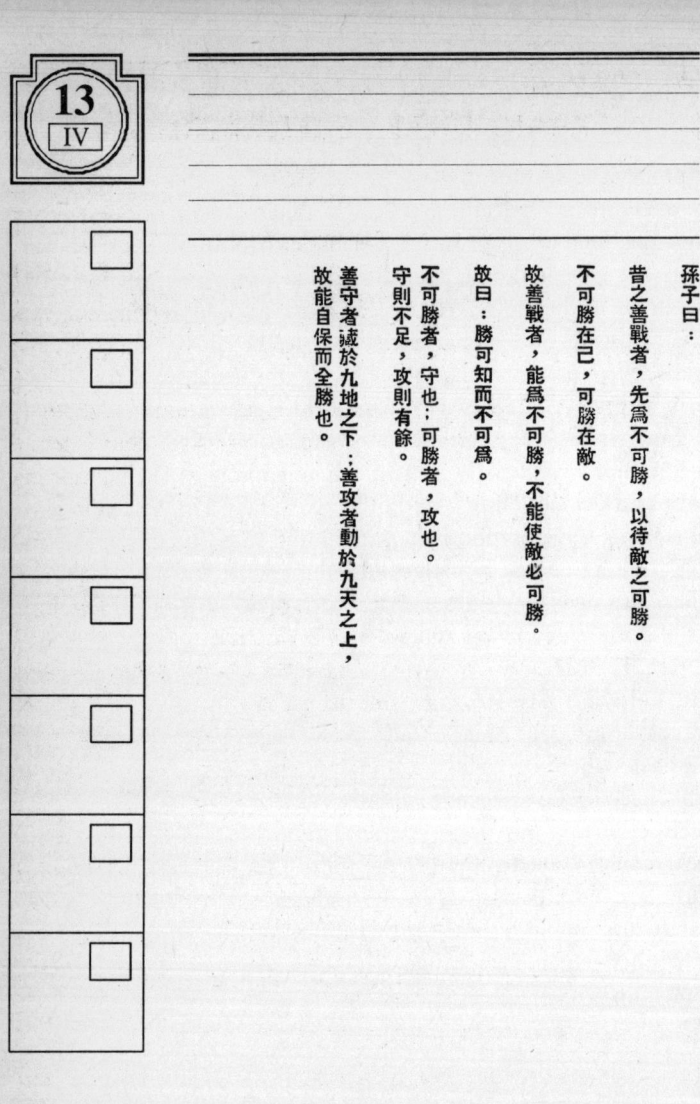

KRAFTVOLLE VERTEIDIGUNG

Sun Tsu sagte:

Wer in alten Zeiten geschickt vorging im Konflikt,
Entzog sich der Möglichkeit einer Niederlage
Und wartete, bis der Gegner seine Hände nach dem Sieg ausstreckte.

Sich gegen eine Niederlage zu wappnen hängt von einem selbst ab;
Die Gelegenheit zum Sieg hängt vom Gegner ab.

Wer deshalb im Konflikt geschickt vorgeht,
Kann sich vor einer Niederlage vorsehen;
Aber es ist der Gegner, der die Chance zum Sieg bringt.

Daher heißt es auch:
»Man mag wissen, wie man siegt,
Und dennoch unfähig sein, den Sieg herbeizuführen.«

Wer nicht siegen kann, sollte verteidigen;
Wer den Sieg vor Augen hat, sollte angreifen.
Verteidige, wenn es noch Unzulänglichkeiten gibt;
Greife an, wenn ein Übergewicht vorhanden ist.

Geschickte Verteidiger sind unsichtbar wie das Niedrigste auf Erden.
Geschickte Angreifer bewegen sich in Harmonie
Mit dem Höchsten im Himmel.
Deshalb bleiben sie geschützt,
Während sie den vollständigen Sieg erringen.

Die Begriffe *Das Niedrigste auf Erden* und *Das Höchste im Himmel*
stammen von den Ideogrammen für »Neunte Ebene der Erde« und
»Neunte Ebene des Himmels«.
Diese Begriffe beziehen sich auf die Kräfte, die den winzigsten
Lebensformen innewohnen, und auf die überwältigende Macht der
physikalischen Naturgesetze.

見勝不過眾人之所知，
非善之善者也。

戰勝而天下曰善，
非善之善者也。

故舉秋毫不爲多力。見日月不爲明目。
聞雷霆不爲聰耳。

古之所謂善戰者，勝易勝者也。

DER MÜHELOSE SIEG

Wer den Sieg vor Augen hat,
Der gleichzeitig auch für das Volk klar auf der Hand liegt,
Besitzt nicht überragendes Geschick.

Wer in einem Konflikt siegreich bleibt
Und die Welt sagen hört: »Gut gemacht!«,
Besitzt nicht überragendes Geschick.

Ein Herbstblatt aufzuheben ist kein Akt großer Stärke.
Sonne und Mond zu sehen ist kein Akt großer Sehkraft.
Einen plötzlichen Donner rollen zu hören
Ist kein Beweis für gute Ohren.

Die Alten nannten diejenigen »geschickt im Konflikt«,
Die siegen, weil der Sieg leichtfällt.

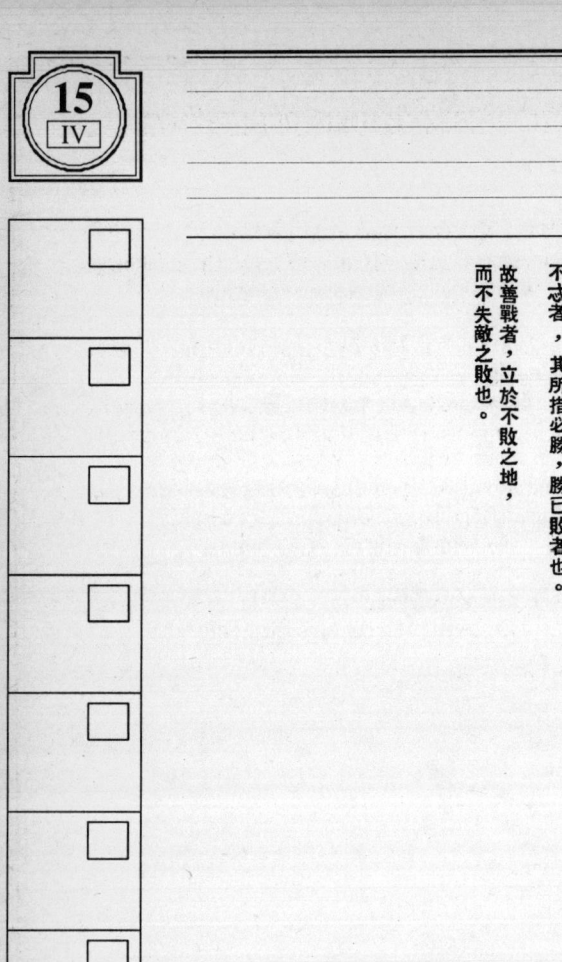

故善戰者之勝也，無智名，無勇功。

故其戰勝不忒。

不忒者，其所措必勝，勝已敗者也。

故善戰者，立於不敗之地，而不失敵之敗也。

DIE FEHLERLOSE STELLUNG

Wer siegt, weil er geschickt im Kampf ist,
Wird nicht mit Ehren ob seiner Klugheit überhäuft
Oder gewürdigt für seinen Heldenmut.

Er triumphiert im Konflikt, weil er keinen Fehler macht.

Wer keine Fehler gemacht hat, hat den sicheren Sieg vorbereitet;
Ein Triumph über jene, die schon besiegt sind.

Deshalb führen geschickte Kämpfer eine Situation herbei,
Die sie unbesiegbar macht,
Und versäumen keine Gelegenheit,
Dem Gegner eine Niederlage beizubringen.

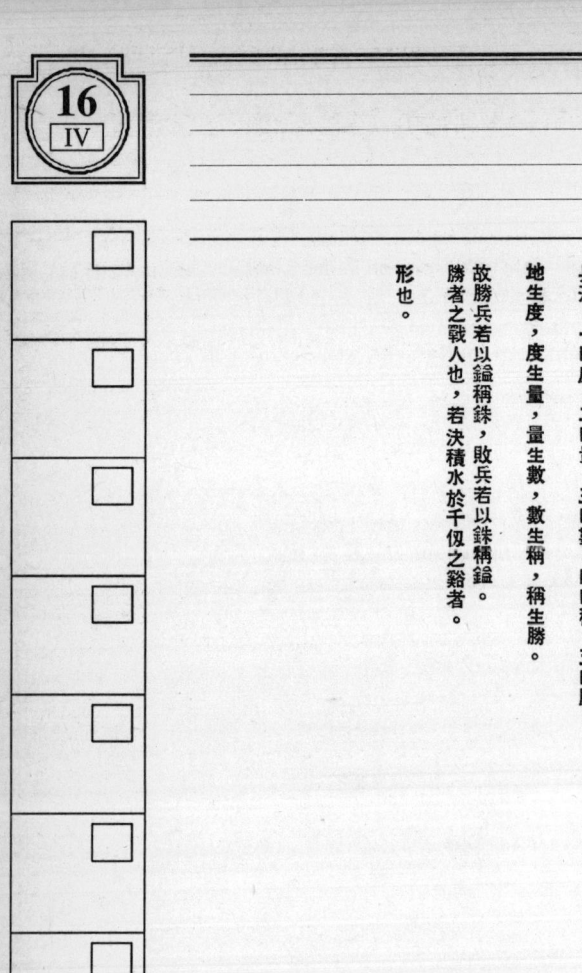

是故勝兵先勝而後求戰，敗兵先戰而後求勝。

善用兵者，修道而保法，故能為勝敗之政。

兵法：一曰度，二曰量，三曰數，四曰稱，五曰勝。

地生度，度生量，量生數，數生稱，稱生勝。

故勝兵若以鎰稱銖，敗兵若以銖稱鎰。

勝者之戰人也，若決積水於千仞之谿者，

形也。

DIE FÜNF KÜNSTE DER STRATEGIE

Siegreiche Strategen sind sich des Sieges gewiß,
Bevor sie in den Kampf ziehen.
Unterlegene Strategen ziehen in den Kampf,
Bevor sie auf Sieg aus sind.

Wer Strategie geschickt anwendet,
Kultiviert das Tao, um seine Kunst zu vervollkommnen.
Deshalb: Sieg oder Niederlage
Können von politischem Handeln abhängig sein.

Die Strategischen Künste sind:
Erstens: Messungen;
Zweitens: Schätzungen;
Drittens: Analyse;
Viertens: Gleichgewicht;
Fünftens: Sieg.

Die Situation führt zu Messungen;
Die Messungen führen zu Schätzungen;
Die Schätzungen führen zur Analyse;
Die Analyse führt zum Gleichgewicht;
Das Gleichgewicht führt zum Sieg.

Deshalb: Eine siegbringende Strategie gleicht einem Pfund,
Aufgewogen gegen ein Gramm,
Die Strategie der Niederlage gleicht einem Gramm,
Aufgewogen gegen ein Pfund.
Wer triumphiert, wenn er andere angreift,
Gleicht einer aufgestauten Flut,
Die durch eine enge Schlucht hervorbricht.

So verhält es sich mit der rechten Stellung.

Das Wort *Gramm* kann wörtlich mit »ein zwanzigstel Tael«
übersetzt werden. Das Wort *Pfund* bezieht sich auf ein ganzes Tael.
In China bedeutet ein Tael eine beliebige Gewichtseinheit.

Fünftes Kapitel

DIE

STEUERUNG

(DEN GEGNER IN EINE
UNTERLEGENE POSITION BRINGEN)

Die ideale Strategie während eines Konfliktes seines, so glaubte Sun Tsu, den Gegner ständig in Bewegung zu halten, bis er in eine für ihn ungünstige Position gerate. Bei dieser Strategie, die er die »Steuerung«* nannte, handelt es sich um die Kunst, den Gegner zu zwingen, auf jede vorhandene Information zu reagieren. Dieser Kunstfertigkeit bedienen sich Führer, die mit schöpferischem und einsichtsfähigem Denken begabt sind. Während das »Steuern« dazu benutzt werden kann, den Gegner sorgsam zu positionieren, müssen Anführer darüber hinaus auch Meister des korrekten Timings** sein, denn erst strategisches Timing bringt das Steuern zur Wirkung.

Sun Tsu nannte die grundlegenden Prinzipien bei der Steuerung das »Überraschende« und das »Geradlinie«. Er sagte: »Bei einem Konflikt wird im allgemeinen das Geradlinie zu einer Kampfhandlung, das Überraschende zum Sieg führen.« Sun Tsu glaubte, daß diese Taktik in endloser Variation dazu dienen könne, den idealen Sieg herbeizuführen — einen Sieg, der wenig ereignisreich und ohne Zerstörung anzurichten zustande kommt. Um sich des Überraschungsmoments zu bedienen, erwecken geschickte Anführer den äußeren Anschein von Verwirrung, Ängstlichkeit und Verwundbarkeit und veranlassen so den Gegner, eine trügerische Schwäche zu vermuten. Der Gegner kann nicht anders, als sich von dieser Illusion eines Vorteils anlocken zu lassen. Wie Sun Tsu betonte: »Durch das Versprechen eines Gewinns wird der Gegner umherbewegt, während das Team in Wartestellung lauert.«

KONFLIKT IM SELBST Der erste Schritt bei der Bearbeitung eines inneren Konflikts ist es, das Problem von anderen Bereichen Ihres

---

* Das Titelthema dieses Kapitels übersetzte Wing mit »Directing«. Directing bedeutet auch »ausrichten, Regie führen, dirigieren, lenken, anleiten«. Beim »Steuern« handelt es sich also um ein taktisches Vorgehen: Der Gegner wird »zurechtgestellt«, ähnlich wie ein Boxer mit fintenreichem Taktieren den Gegner in eine »Stellung« bringt, die ihm den entscheidenden Schlag ermöglicht.
** Das Wort »Timing« (»Rechtzeitigkeit, Steuerung«) habe ich nicht übersetzt, weil sich im Deutschen noch kein entsprechender Begriff finden läßt, der den »Geschmack« des Wortes genau wiedergibt. Nicht ohne Grund ist es bei uns inzwischen zu einer festen Größe vieler Berufsjargons, aber auch des allgemeinen Sprachgebrauchs geworden.

Lebens zu isolieren. Zerschneiden Sie die Fesseln, die es an Ihre persönliche Entfaltung oder Ihre Motivation binden. Entfernen Sie den Konflikt aus Ihrer Tagesordnung, indem Sie Pläne für Ihr Leben entwerfen, die ihm keinen Raum gönnen. Greifen Sie Ihren inneren Widersacher nicht direkt an. Isolieren Sie ihn vielmehr, indem Sie sich vorstellen, er würde außerhalb von Ihnen existieren.

Das ist ein guter Zeitpunkt, um die Hilfe anderer in Anspruch zu nehmen. Wenn Sie Ihre unmittelbare Umgebung davon überzeugen können, daß der Konflikt überwunden werden wird, stärkt dies den Gedanken, gibt ihm Gewicht und Schwung. Sun Tsu sagte, daß »diejenigen, die geschickt im Konflikt sind und mit Hilfe anderer steuern, wie gerundete Felskiesel einen tausend Meter hohen Berg hinabrollen«.

Timing ist ein weiterer Faktor, der bei der Ausführung Ihrer Strategie bedacht sein will. Weil Sie außerhalb Ihres Konfliktes Stellung beziehen, werden sich Chancen ergeben, sich noch weiter von ihm zu entfernen. Manchmal werden Sie von diesen Chancen in unerwartete Richtungen gezogen — vielleicht sogar in neue, interessante Gebiete, die den Schlüssel zur Lösung Ihres Problems bergen. Beginnen Sie, spontan zu handeln. Auf diese Weise machen Sie sich den taktischen Vorteil der Überraschung zunutze, um Ihren inneren Gegner zu besiegen.

KONFLIKT MIT DER UMWELT Eine offene Konfrontation wird den übermächtigen Widerstand Ihrer Umgebung auf den Plan rufen. Deshalb liegt der Schlüssel zum Sieg in einem umweltbedingten Konflikt in der Fähigkeit, Überraschungstaktiken anzuwenden. Umgebungen, ob klein oder groß, sind ständig damit beschäftigt, sich vor nichtkonformen Individuen zu schützen. Deshalb haben Sie erst dann eine Umgebung korrekt ausgerichtet und für Ihre Strategie in Stellung gebracht, wenn die Umgebung sich von Ihnen nicht bedroht fühlt.

Während Sie eine Strategie entwickeln, die Ihnen helfen soll, diesen Konflikt hinter sich zu lassen, werden Sie stärker und entschlossener werden und sich langsam von Ihrer Umgebung distanzieren. Mit wachsender innerer Abkehr werden Sie eine neue Haltung gegenüber Ihrer Umgebung und dem Raum, den sie in Ihrem Leben einnimmt, entwickeln. Betrachten Sie sie in Bezug auf die Vergangenheit, nicht auf die Zukunft. Auf diese Weise verwandeln Sie Ihren umgebungsbedingten Konflikt von einer Barriere in ein Sprungbrett.

Bedenken Sie, daß Ihr Platz in der Welt und Ihr letztendliches Schicksal sich wandeln werden, wenn Sie Ihre Umgebung oder die Beziehung zu ihr verändern. Es ist sehr schwer, sich die Gelegenheit für einen Übergang von solcher Tragweite zu schaffen; deshalb müssen Sie, wenn die Zeit reif ist, ohne jedes Zögern handeln. Sie müssen sich vorher völlig im klaren über den Grad Ihrer Entschlossenheit sein und dabei so gründlich wie nur möglich Ihre Absichten und Ihren ins Auge gefaßten Zielpunkt durchleuchten.

KONFLIKT MIT EINEM ANDEREN Im großen und ganzen besteht die Strategie zur Lösung zwischenmenschlicher Konflikte im Beziehen einer siegbringenden Stellung und in der Positionierung des Gegners für die sichere Niederlage. Kennzeichen der Stellung des Sieges sind Entschlossenheit und innere Abkehr, Kennzeichen der Position der Niederlage ist Unvorbereitetsein. Vergessen Sie nicht: Es geht hier nicht um Verhandlungen, die irgendeine Disharmonie in Ihrer Beziehung glätten sollen. Gefragt ist eine Strategie zur vollständigen Beseitigung eines unlösbaren, lebensschädigenden Konflikts.

Als ersten Schritt sollten Sie, noch lange vor einer direkten Konfrontation, die Position Ihres Gegners »ausrichten«. Wenn Sie in einer Beziehung stecken, in der das gleiche Konfliktmuster andauernd wiederkehrt, beginnen Sie mit der Steuerung vor dem nächsten Höhepunkt. Die ständige Wiederholung des gleichen Konflikts bedeutet, daß Ihre Kommunikation uneffizient ist und die Beziehung von Grund auf verändert werden muß.

Verbergen Sie Ihre Strategie vor dem Gegner, und lassen Sie Kraft und Entschlossenheit langsam anwachsen. Unter dem Einfluß einer nichtkämpferischen Haltung wird sich Ihr Gegner in eine Position der Selbsttäuschung begeben — die Position der Niederlage. Wenn möglich, sollten Sie sich auch der Hilfe von außen bedienen. Hilfreiche Verbündete können helfen, den Eindruck zu verstärken, den Sie auf Ihren Gegner machen wollen. Sie können auch mithelfen, Ihre Entschlossenheit zu stärken, und später zu Zeugen Ihres Triumphs werden.

KONFLIKT UNTER FÜHRUNGSPERSONEN In Zeiten eines Konflikts zwischen Organisationen manipulieren geschickte Anführer die gegnerische Organisation: Sie zwingen sie zu ständigem Stellungswechsel. Überragende Führer lassen strategische Fehlinformationen über ihre eigene Position durchsickern und täuschen taktische Schwachstellen vor, die den Gegner in die gewünschte Position locken. Sun Tsu betonte: »Geschick im Umherbewegen des Gegners erwächst aus Stellungswechsel, dem der Gegner zu folgen gezwungen ist, und aus Geschenken, die den Gegner zur Annahme verleiten.«

Ist die rivalisierende Organisation erst einmal korrekt positioniert und ihre Konzentration so ausgerichtet, daß sie der eigenen Strategie entspricht, dann muß der Führer die Gelegenheit ergreifen und rasch handeln. Während einer direkten Konfrontation gerät alles in Bewegung, deshalb ist präzises Timing von zentraler Bedeutung für eine erfolgreiche Strategie. »Steuerung«, sagte Sun Tsu, »gleicht einer straff gespannten Armbrust; Timing gleicht dem Abschnellen des Pfeils.«

Überragenden Anführern steht beim taktischen Steuern ein machtvolles Hilfsmittel zur Verfügung: Sie können sich ihrer eigenen Organisation bedienen, um den gewünschten äußerlichen Eindruck zu erwecken, sei es den Anschein von Verwundbarkeit und Verwirrung oder von Stärke und Unfehlbarkeit. Wohlarrangierte, strategische Täuschungsmanöver können starken Einfluß auf den Gegner ausüben. Weil geschickte Führer im allgemeinen die einzelnen Mitglieder ihrer Organisation über diese Strategie nicht informieren, können diese Personen nie bloßgestellt werden und sind über Schuld und Tadel erhaben.

孫子曰：

凡治衆如治寡。

分數是也。

鬥衆如鬥寡。

形名是也。

三軍之衆，可使必受敵而無敗者。

奇正是也。

兵之所加，如以碬投卵者。

虛實是也。

DIE STELLUNGSSTRATEGIE

Sun Tsu sagte:

Im allgemeinen ist die Führung der Zahlreichen
Wie die Führung der Wenigen:

Eine Frage der Planung der Aufteilung.

Ein Kampf mit den Zahlreichen ist
Wie der Kampf mit den Wenigen:

Eine Frage der meisterhaften Positionierung.

Das gesamte Heer muß fähig sein, auf den Gegner einzuwirken,
Ohne Verluste in Kauf zu nehmen:

Eine Frage des Überraschenden und des Geradlinigen.

Der Anstoß, der von einer Strategie ausgeht,
Gleicht einem Ei, das man gegen einen Mühlstein wirft:

Eine Frage von Täuschung und Realität.

Die Begriffe *Überraschung* und *Geradlinigkeit* stammen von den
Ideogrammen Ch'i und Tscheng. Als militärischer Terminus bezieht sich
Ch'i auf einen Überraschungsangriff oder Hinterhalt
und Tscheng auf eine direkte Offensive.
Die Kombination beider Manöver bildet ein
wichtiges Prinzip der chinesischen Militärstrategie.

凡戰者，以正合，以奇勝。

故善出奇者，無窮如天地，不竭若江河。終而復始，日月是也；死而復生，四時是也。

聲不過五；五聲之變，不可勝聽也。色不過五；五色之變，不可勝觀也。味不過五；五味之變，不可勝嘗也。

戰勢不過奇正；奇正之變，不可勝窮也。

奇正相生，如循環之無端，孰能窮之？

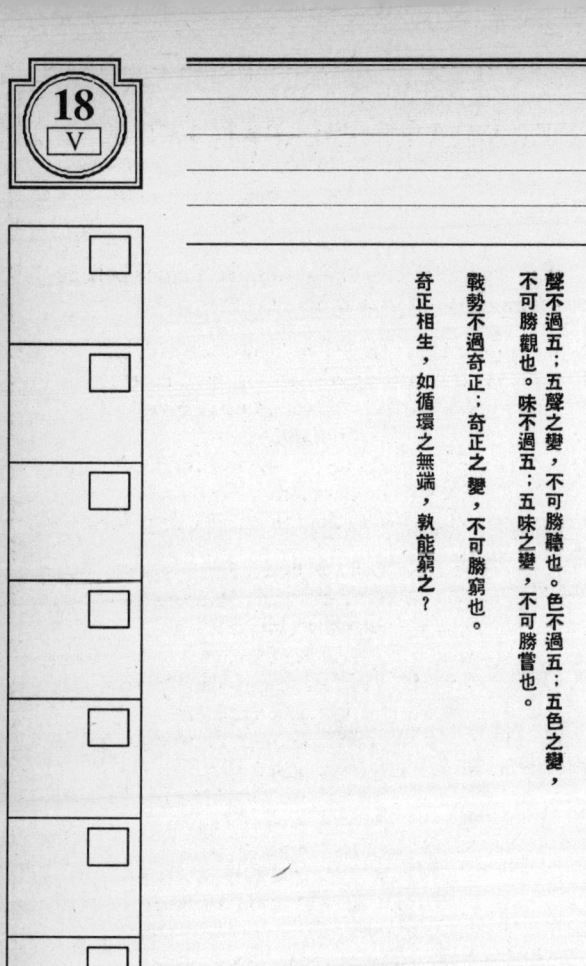

DIE KRAFT DER ÜBERRASCHUNG

In einem Konflikt
Führt im allgemeinen das Geradlinige zu einer Kampfhandlung
Und das Überraschende zum Sieg.

Wer deshalb zu überraschendem Handeln fähig ist,
Ist so unendlich vielfältig wie Himmel und Erde,
Und so unerschöpflich wie die großen Flüsse.
Wie Sonne und Mond,
Kommt er zum Ende und vollendet den Kreis zum Neubeginn.
Wie die vier Jahreszeiten,
Vergeht er und vollendet den Kreis bis zur Wiedergeburt.

Es gibt nicht mehr als fünf Töne,
Doch die fünf Töne übertreffen sich in Variationen —
Zahlreicher, als man jemals hören kann.
Es gibt nicht mehr als fünf Farben,
Doch die fünf Farben übertreffen sich in Variationen —
Zahlreicher, als man jemals sehen kann.
Es gibt nicht mehr als fünf Geschmacksrichtungen,
Doch die fünf Geschmacksrichtungen übertreffen sich in
Variationen — zahlreicher, als man jemals schmecken kann.

Bei der Steuerung eines Konflikts
Gibt es nur das Überraschende und das Geradlinige,
Doch das Überraschende und das Geradlinige
Übertreffen sich in Variationen —
Zahlreicher, als man jemals erschöpfen kann.

Das Überraschende und das Geradlinige bedingen einander,
Drehen sich in endlosem Kreislauf.
Wer kann sie je erschöpfen?

Der Begriff *große Flüsse* stammt von den beiden Buchstaben
für den Jangtse-Fluß und den Gelben Fluß.
Diese Flüsse bilden Chinas größte und wichtigste Wasserstraßen.

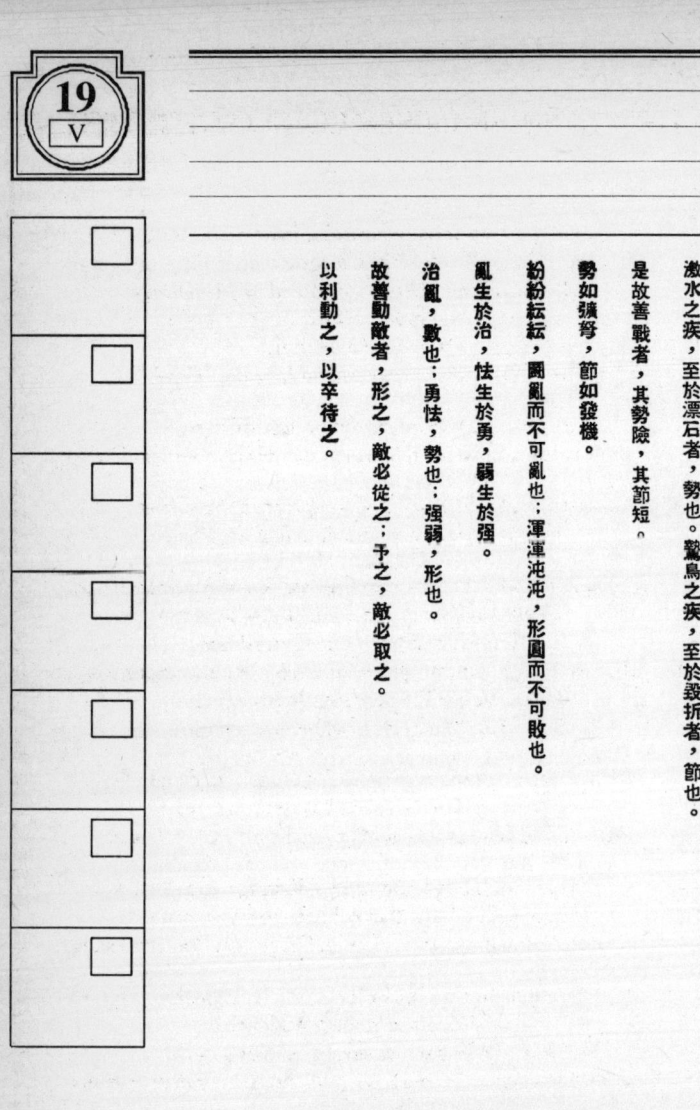

激水之疾，至於漂石者，勢也。鷙鳥之疾，至於毀折者，節也。

是故善戰者，其勢險，其節短。

勢如彍弩，節如發機。

紛紛紜紜，鬭亂而不可亂也；渾渾沌沌，形圓而不可敗也。

亂生於治，怯生於勇，弱生於強。

治亂，數也；勇怯，勢也；強弱，形也。

故善動敵者，形之，敵必從之；予之，敵必取之。

以利動之，以卒待之。

DEN GEGNER IN BEWEGUNG VERSETZEN

Wer das Steuern beherrscht, kann aufrütteln
Wie die anstürmende Flut,
Felsen aus ihrem Bett reißend entlang des Weges.
Wer das Timing beherrscht, kann zustoßen
Wie ein Raubvogel,
Sein Opfer durchbohrend entlang des Weges.

Wer deshalb geschickt im Konflikt ist,
Ist beeindruckend in seinem Steuern und rasch in seinem Timing.

Steuern gleicht einer straff gespannten Armbrust;
Timing gleicht dem Abschnellen des Pfeils.

Die Zahlen und Verwirrungen und das Kommen und Gehen
Lassen den Kampf ungeordnet erscheinen —
Dennoch herrscht keine Unordnung.
Das Mischen und Zusammengehen und das Chaos und der Aufruhr
Lassen die Stellung umzingelt erscheinen —
Und dennoch droht keine Niederlage.

Scheinbare Unordnung ist ein Ergebnis von Kontrolle.
Scheinbare Furcht ist ein Ergebnis von Mut.
Scheinbare Verwundbarkeit ist ein Ergebnis von Besitz.

Kontrolle und Unordnung sind eine Frage von Analyse.
Mut und Furcht sind eine Frage von Steuerung.
Besitz und Verwundbarkeit sind eine Frage von Positionierung.

Geschick im Umherbewegen des Gegners
Erwächst aus Stellungbeziehen,
Dem der Gegner zu folgen gezwungen ist,
Und aus Geschenken, die den Gegner zur Annahme verleiten.

Durch das Versprechen eines Vorteils,
Wird der Gegner umherbewegt,
Während die Truppe in Wartestellung lauert.

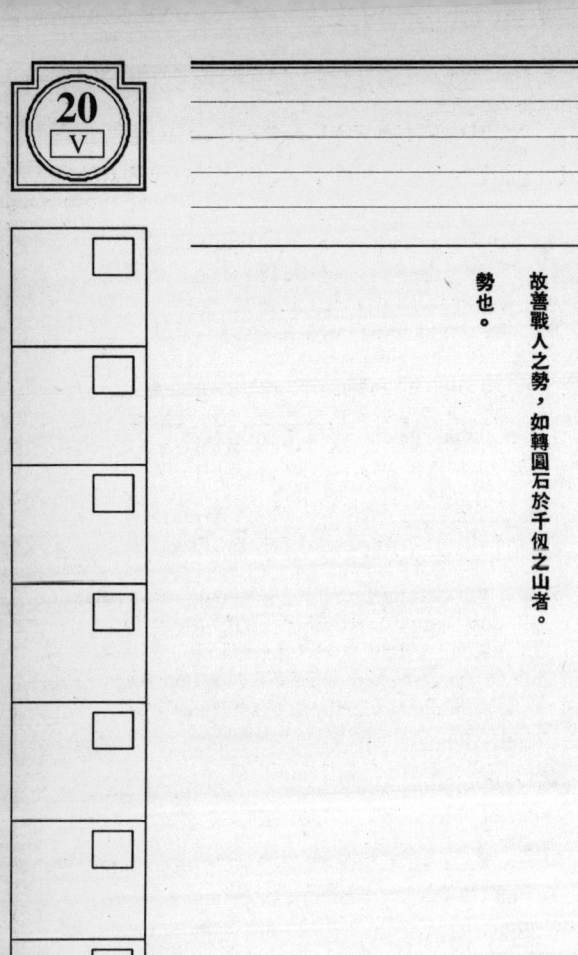

故善戰者，求之於勢，不責於人，故能擇人而任勢。

任勢者，其戰人也，如轉木石：木石之性，安則靜，危則動，方則止，圓則行。

故善戰人之勢，如轉圓石於千仞之山者。

勢也。

94

ANDERE EINSETZEN,
UM SCHWUNGKRAFT ZU GEWINNEN

Wer geschickt im Konflikt ist, versucht zu steuern,
Ohne anderen die Schuld zu geben.
Daher kann er andere auswählen
Und sie zum Steuern einsetzen.

Wer andere einsetzt, um einen Konflikt zu steuern,
Bewegt sich scheinbar wie Langholz und Felsen.
Es ist das Wesen von Langholz und Felsen,
Sich nicht zu bewegen, wenn stabil,
Sich zu bewegen, wenn instabil.
Stehenzubleiben, wenn quadratisch,
Sich zu bewegen, wenn rund.

Wer geschickt im Konflikt ist
Und mit Hilfe anderer steuert,
Scheint sich zu bewegen wie gerundete Felskiesel,
Die einen tausend Meter hohen Berg hinabrollen.

So verhält es sich mit dem Ausrichten.

Der Begriff *Meter* stammt vom chinesischen Wort *Dschen*, ein Längenmaß,
das etwa zweieinhalb Meter entspricht.

Sechstes Kapitel

TÄUSCHUNG UND WIRKLICHKEIT

(TARNUNGSMASSNAHMEN)

Täuschungen zur Verschleierung der Wirklichkeit sind ein besonderes taktisches Manöver mit dem Ziel, den Gegner ständig in nachteiliger Position zu halten. Sun Tsu empfiehlt in der Kunst der Strategie fortwährend und nachdrücklich den Gebrauch von Täuschung. Er war überzeugt, daß Führer, die diese Technik verstehen und sich ihrer bedienen, unbesiegbar sind. Über solche Führer rief er aus: »Subtil! Unerreicht! Scheinbar ohne Gestalt. Geheimnisvoll! Wunderbar! Scheinbar ohne Klang. Sie herrschen über das Schicksal ihrer Gegner.«

Überragende Führer bedienen sich bei all ihren Strategien der schöpferischen Täuschung — Illusionen, die den Gegner den Überblick verlieren und Fehler machen lassen. Sie erlauben dem Gegner niemals, ihre Position auszumachen, und zwingen ihn so zu Verteidigungsmaßnahmen auf allen Ebenen. Sie zersplittern damit erfolgreich die Kräfte des Gegners. Geschickte Anführer begeben sich stets frühzeitig zum Ort des Treffens, um bereit zu sein, bevor der Gegner die Szene betritt. Darüber hinaus lassen sie in ihrer Strategie der Spontaneität Raum, was den Gegner zu ständiger Neuanpassung zwingt. Wenn der Zwang zum Reagieren dem Gegner auferlegt wird, lassen sich seine Hilfsmittel analysieren, seine Unzulänglichkeiten werden auf subtile Weise offenkundig.

KONFLIKT IM SELBST Hat die direkte Herausforderung begonnen, darf man einen inneren Gegner niemals zur Ruhe kommen lassen und ihm Gelegenheit zur Erholung geben. Ihr innerer Konflikt darf nie Ihrem Bewußtsein entgleiten; sie müssen das Ausmaß seines Einflusses auf Ihr Leben stets im Blickfeld behalten und ihn zu ständigem Rückzug zwingen. Kontinuierliche Vorwärtsbewegung und das »Aushöhlen« Ihres Problems sind der Schlüssel zu seiner permanenten Beseitigung.

Kommen Sie Ihrem inneren Gegner zuvor. Erkennen Sie, wo und wann er wahrscheinlich auftauchen wird, und beschäftigen Sie ihn mit Ablenkungsmanövern und Zerstreuungen. Ihr innerer Konflikt konnte entstehen, weil Sie ihm zu irgendeiner Zeit in Ihrem Leben das Ruder überlassen haben. Sie müssen es nun wieder übernehmen. Sun Tsu sagte: »Ergreife selbst die Initiative, damit nicht die anderen die Initiative ergreifen.«

Ihr innerer Gegner kann ohne Ihre Unterstützung nicht lange überleben. Wenn Sie sich stets weigern, ihm nachzugeben, dann wird er verlöschen. Gönnen Sie ihm jedoch Pause und Aufschub, dann wird er wieder zu Kräften kommen, und Ihr Kampf muß von vorne beginnen. Von größter Bedeutung ist deshalb Ihre Entschlossenheit, denn nur eine durchgehaltene und wachsame Strategie wird zu einem vollständigen Sieg führen.

KONFLIKT MIT DER UMWELT Die Umgebung ist eine ausgedehnte, machtvolle Wesenheit mit fast unerschöpflichen Hilfsmitteln. Wollen Sie eine Herausforderung unternehmen, wird jedoch die Natur ihrer Position zu Ihrem Hauptvorteil. Weil Ihre Umwelt fest in Zeit und Raum verankert ist, können Sie sich frei in ihr bewegen und Informationen sammeln, mit deren Hilfe Sie ihre Stärken, ihre Grenzen und die Kontrolle, die sie über Ihr Leben ausübt, analysieren können.

Verhindern Sie, daß Ihre Umwelt auf Sie aufmerksam wird. Bleiben Sie im Hintergrund, indem Sie Konformität vortäuschen. Das gibt Ihnen die Möglichkeit, Ihre Strategie in Ihrem eigenen Tempo und zu Ihren eigenen Bedingungen zu entfalten. Wenn Sie als Individuum Ihren Konflikt nur durch Übernahme der Kontrolle über Ihre Umwelt lösen können, müssen Sie eine Strategie entwickeln, die ihre Macht in kleinere, handlichere Einheiten aufteilt. Obwohl das Große im allgemeinen über das Kleine siegt, läßt sich doch mit Hilfe von Täuschung, so glaubte Sun Tsu, das Verhältnis umkehren. Er wies darauf hin, daß die Verschleierung des Schauplatzes, an dem sich Ihre Strategie entfaltet, die Verteidigung des Gegners dazu zwinge, überall gleichzeitig präsent zu sein und sich dadurch zu »verzetteln«. »Wenn der Gegner Stellung bezogen hat, müssen wir positionslos erscheinen«, sagte er. »Folglich sind wir zahlreich und der Gegner in der Minderzahl.«

Wenn klar erkenntlich die Umgebung Ihr Gegner ist, befinden Sie sich möglicherweise in einer unauflösbaren Krise. Der Versuch, sich in einer ungeeigneten Umgebung neu zu positionieren, kann zu einer lebenslangen Aufgabe werden, und die Anpassung an eine ungeeignete Umwelt erfordert möglicherweise einen lebensfeindlichen Kompromiß. Besonders wichtig ist es deshalb, sorgfältig machbare Ziele auszuarbeiten, bevor man sich auf einen Waffengang mit der Umwelt einläßt.

KONFLIKT MIT EINEM ANDEREN Bei zwischenmenschlichen Konflikten ist es von wesentlicher Bedeutung, sich so viele Informationen wie nur möglich über den Gegner zu beschaffen. Durch Täuschungen, auf die Ihr Gegner reagieren muß, lassen sich seine Schwächen, Stärken, blinden Flecken und der Grad seines Selbstvertrauens ausmachen. Diese Informationen können Sie dann bei der Entwicklung Ihrer Strategie verwerten.

Hat der zwischenmenschliche Konflikt begonnen, müssen Sie Ihren Gegner verunsichern und dafür sorgen, daß er sich ständig neu anpassen muß. Am wichtigsten ist, daß Sie Ihre Absichten und Ihre Haltung stets verschleiern. So kann es Ihnen gelingen, sich vor einem Angriff zu schützen, während die Verwirrung die Hilfsmittel des Gegners erschöpft: Ein Gegner, der im ungewissen über Ihre Position verharrt, kann nicht angreifen und muß statt dessen in jedem Bereich Verteidigungsstellungen unterhalten.

Denken Sie daran, daß der Kampf nicht darum geht, herauszufinden, wer nun die beste Position innehat. Sie führen den Kampf, um einen unlösbaren Konflikt zu überwinden. Hat man erst die direkte Herausforderung begonnen, muß der Kampf ohne Rasten und Ruhen geführt werden, bis der Konflikt beendet oder die Beziehung von Grund auf verändert ist.

KONFLIKT UNTER FÜHRUNGSPERSONEN Sun Tsu war überzeugt: Führer, die bei Konflikten zwischen Organisationen geschickt mit Täuschung umgehen können, können ihres Sieges sicher sein. Geschickte Führer verschleiern systematisch ihre Stellung und ihre Absichten, um sich vor den Strategien ihrer Widersacher zu schützen. Sun Tsu sagte: »Ohne Position kann auch die intensivste Spionage nichts ausrichten, und die Klugen können keine Pläne machen.«

Täuschung ist für Organisationen ein hocheffizientes Werkzeug zur Nachrichtenbeschaffung. Experimentelles Stellungbeziehen kann bei anderen rasche Reaktionen provozieren — Reaktionen, die bei sorgfältiger Analyse Stärken und Schwächen, Torheit und Kreativität anderer aufdecken können. Sind diese Aspekte erst aufgedeckt, kann ein geschickter Führer zuversichtlich vorrücken. »Wer unaufhaltsam vorrückt«, sagte Sun Tsu, »übernimmt die Führung durch Täuschung.«

Geschickte Anführer verstärken ihre eigene Organisation, indem sie den Gegner zwingen, seine Hilfsmittel in kleinere, weit verstreute Untereinheiten aufzuteilen. Die wahre Größe und Stärke einer Organisation ist deshalb eine Funktion ihrer Fähigkeit, die Hilfsmittel des Rivalen — Geld, Kreativität und Mitgliederzahl — zu manipulieren. Durch die Verschleierung des möglichen Schauplatzes einer Konfrontation zwingen geschickte Führer ihre Gegner, sich an vielen Orten gleichzeitig bereitzuhalten. Sun Tsu sagte: »Wenn sich der Gegner überall bereithalten muß, werden nur wenige an jenem Ort sein, wo wir die Herausforderung beginnen.«

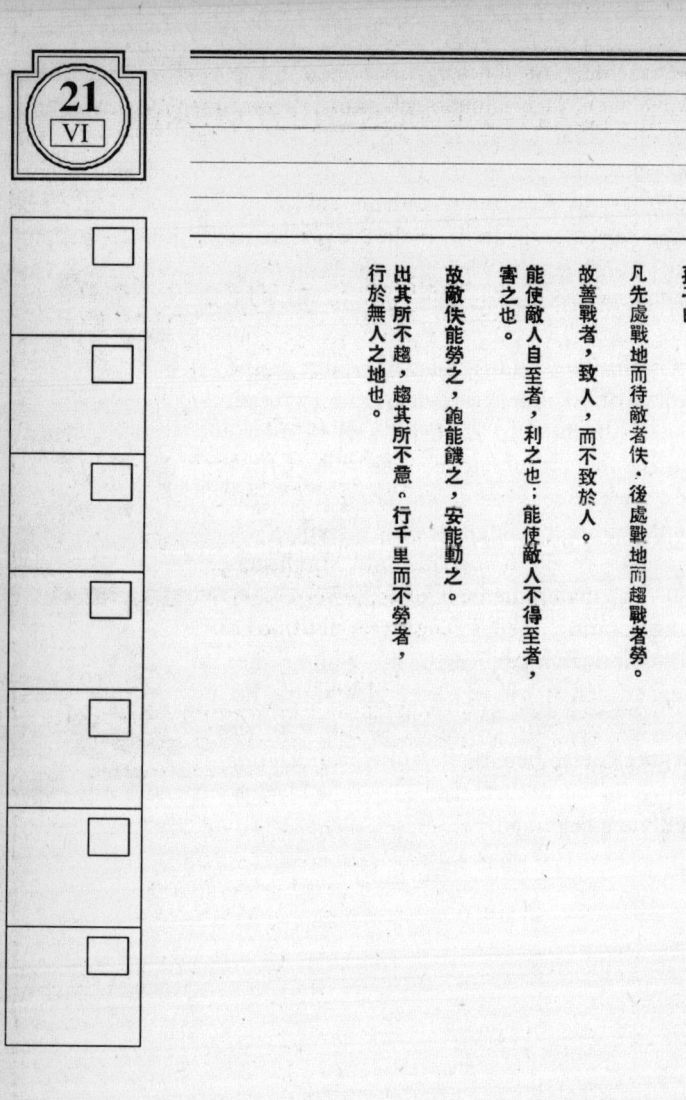

孫子曰：

凡先處戰地而待敵者佚，後處戰地而趨戰者勞。

故善戰者，致人，而不致於人。

能使敵人自至者，利之也；能使敵人不得至者，害之也。

故敵佚能勞之，飽能饑之，安能動之。

出其所不趨，趨其所不意。行千里而不勞者，行於無人之地也。

21

VI

DAS GLEICHGEWICHT STÖREN

Sun Tsu sagte:

Wer sich früh am Schauplatz des Konflikts einfindet,
Kann im allgemeinen in Ruhe dem Gegner entgegensehen.
Wer spät am Schauplatz des Konflikts eintrifft,
Muß sorgenvoll in den Kampf ziehen.

Wer geschickt im Konflikt ist,
Ergreift deshalb die Initiative vor anderen,
Damit nicht die anderen zuerst die Initiative ergreifen.

Gegner können durch die Aussicht auf Vorteile
Zur Annäherung veranlaßt werden.
Gegner können durch die Aussicht auf Nachteile
Zum Zögern veranlaßt werden.

Deshalb:
Wenn sich die Gegner wohl fühlen, sollte man sie beunruhigen;
Wenn sie zufrieden sind, sollte man sie aushungern;
Wenn sie ruhig sind, sollte man sie in Bewegung versetzen.

Beziehe anfangs Stellungen, zu denen sie hineilen müssen;
Eile zu Orten, die sie nicht erwarten.
Wer sorglos tausend Kilometer zurücklegen kann,
Bewegt sich dort, wo andere nicht hinkommen.

攻而必取者，攻其所不守也。守而必固者，守其所不攻也。

故善攻者，敵不知其所守；善守者，敵不知其所攻。

微乎微乎，至於無形；神乎神乎，至於無聲，故能爲敵之司命。

進而不可禦者，衝其虛也；退而不可追者，速而不可及也。

故我欲戰，敵雖高壘深溝，不得不與我戰者，攻其所必救也。

我不欲戰，畫地而守之，敵不得與我戰者，乖其所之也。

故形人而我無形，則我專而敵分。

我專爲一，敵分爲十，是以十攻其一也，則我衆而敵寡。

能以衆擊寡者，則我之所與戰者約矣。

DIE STELLUNG DES GEGNERS
AUFREISSEN

Wer sich der Eroberung des Angegriffenen sicher ist,
Greift Stellungen an, die nicht verteidigt werden.
Wer sich sicher ist, daß gehalten werden kann, was verteidigt wird,
Verteidigt Stellungen, die nicht angegriffen werden können.

Ein Gegner weiß daher nicht, welche Stellung er verteidigen soll,
Gegen diejenigen, die geschickt im Angriff sind.
Noch weiß ein Gegner, welche Stellung er angreifen soll,
Gegen diejenigen, die geschickt in der Verteidigung sind.

Subtil! Unerreicht! Scheinbar ohne Gestalt.
Geheimnisvoll! Wunderbar! Scheinbar ohne Klang.
Sie herrschen über das Schicksal ihrer Gegner.

Wer unaufhaltsam vorrückt,
Übernimmt die Führung durch Täuschung.
Wessen Rückzug man nicht folgen kann,
Ist zu schnell, um eingeholt zu werden.

Deshalb: Wenn wir einen Gegner herausfordern wollen,
Ragenden Türmen und tiefen Wasserläufen zum Trotz,
Dann fordere so heraus, daß der Gegner nicht umhinkann,
Sich zu stellen:
Greife eine Stellung an, zu deren Rettung
Sich der Gegner gezwungen sieht.

Wenn wir nicht herausfordern wollen,
Wenn unsere Verteidigung nur eine Grenzlinie bildet,
Fordere so heraus, daß der Gegner nicht eingreifen kann:
Verzerre des Gegners Gefühl für Stellung.

Deshalb: Wenn der Gegner Stellung bezogen hat,
Müssen wir positionslos erscheinen;
Folglich können wir uns konzentrieren,
Während sich der Gegner zersplittern muß.

Konzentriert können wir als Einheit handeln,
Während sich der Gegner in zehn Teile aufteilen muß.
Deshalb sind wir eine Einheit, während der Gegner ein Zehntel ist.
Folglich sind wir die Mehrzahl und der Gegner die Minderzahl.

Weil die vielen stets die wenigen einnehmen können,
Müssen wir angemessen Stellung beziehen,
Um in den Kampf ziehen zu können.

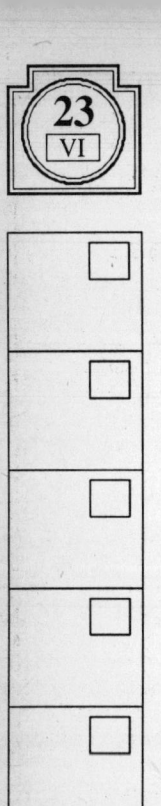

吾所與戰之地不可知，不可知，則敵所備者多，則吾所與戰者寡矣。

故備前則後寡，備後則前寡，備左則右寡，備右則左寡，無所不備，則無所不寡。

寡者，備人者也；眾者，使人備己者也。

故知戰之地，知戰之日，則可千里而會戰。不知戰地，不知戰日，則左不能救右，右不能救左，前不能救後，後不能救前，而況遠者數十里，近者數里乎！

以吾度之，越人之兵雖多，亦奚益於勝敗哉？故曰：勝可為也。

敵雖眾，可使無鬥。故策之而知得失之計，作之而知動靜之理，形之而知死生之地，角之而知有餘不足之處。

ANPASSUNG
AN DIE ZAHL DER GEGNER

Der Ort, an dem wir eine Herausforderung beginnen,
Darf nicht bekanntwerden.
Wenn die Gegner unsere Stellung nicht kennen,
Müssen sie sich an vielen Orten bereit halten.
Wenn sich die Gegner an vielen Orten bereit halten müssen,
Werden sich nur wenige an dem Ort aufhalten,
Wo wir unsere Herausforderung beginnen.

Daher: Wenn die Vorderseite bereit ist,
Werden nur wenige an der Rückseite sein.
Wenn die Rückseite bereit ist,
Werden nur wenige an der Vorderseite sein.
Wenn die linke Seite bereit ist,
Werden nur wenige an der rechten Seite sein.
Wenn die rechte Seite bereit ist,
Werden nur wenige an der linken Seite sein.
Wenn jede Stellung bereit ist,
Wird jede Stellung nur von wenigen besetzt sein.

Wer sich gegen andere bereit macht, ist in der Minderzahl.
Wer andere dazu bringt, sich gegen einen bereit zu machen,
Ist in der Mehrzahl.

Deshalb:
Wenn Zeit und Ort der Herausforderung bekannt sind,
Kann man der Herausforderung
Aus tausend Meilen Entfernung begegnen.
Wenn Zeit und Ort der Herausforderung jedoch unbekannt sind,
Kann die linke Seite der rechten Seite nicht beistehen,
Kann die rechte Seite der linken Seite nicht beistehen,
Kann die Vorderseite der Rückseite nicht beistehen,
Kann die Rückseite der Vorderseite nicht beistehen.
Das gilt um so mehr für diejenigen,
Die mehrere hundert Meilen entfernt sind,
Und sogar für diejenigen, die nur ein paar Meilen entfernt sind!

Wenn wir durch Analyse der Strategie anderer herausfinden,
Daß sie uns an Zahl überlegen sind,
Weist dieser Vorteil nun auf Sieg oder Niederlage hin?
Man sagt: »Der Sieg läßt sich erringen.«

Selbst wenn die Gegner in großer Zahl auftreten,
Können sie unterworfen werden.
Bringe durch Manövrieren
Ihre Gewinn- und Verlustrechnungen in Erfahrung.
Bringe durch Handeln
Ihre Politik bezüglich Bewegung und Stillstand in Erfahrung.
Erkenne durch Stellungbeziehen,
Wo sie verzweifelt sind, wo sie sich sicher fühlen.
Bringe durch Kontakt
In Erfahrung, wo sie Überfluß, wo sie Unzulänglichkeiten haben.

Der Begriff *überlegen sein* stammt von dem chinesischen Wort *Yueh*,
das auch mit »darüber hinaus gehen« oder »sogar noch mehr«
übersetzt werden kann.
Yueh ist auch der Name eines altchinesischen Staates,
der etwa 500 v. Chr. aktiv war.

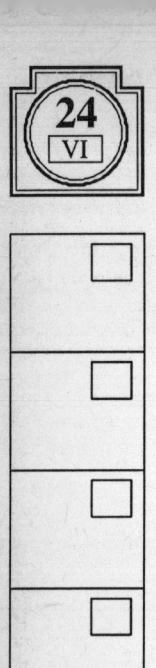

故形兵之極至於無形，無形則深間不能窺，智者不能謀。

因形而措勝於衆，衆不能知。人皆知我所以勝之形，而莫知我所以制勝之形。

故其戰勝不復，而應形於無窮。

夫兵形象水，水之行，避高而趨下；兵之形，避實而擊虛。

水因地而制流；兵因敵而制勝。

故兵無常勢，水無常形，能因敵變化而取勝者，謂之神。

故五行無常勝，四時無常位，日有短長，月有死生。

MIT SYSTEMATISCHEM
STELLUNGBEZIEHEN REAGIEREN

Kennzeichen der höchsten Stellungsstrategie ist es,
Scheinbar ohne Position zu sein.
Ohne Position
Kann sogar die intensivste Spionage nichts ausrichten;
Und die Klugen können keine Pläne machen.

Kniffliges Stellungbeziehen wird auf das Volk wie ein Sieg wirken,
Aber das Volk kann es nicht begreifen.
Andere können verstehen,
Daß wir durch Stellungbeziehen siegten,
Aber sie können nicht verstehen,
Daß wir durch systematisches Stellungbeziehen gesiegt haben.

Deshalb: Hat man die Herausforderung siegreich bestanden,
Sollte das System nicht wiederholt werden.
Stellungbeziehen sollte eine Reaktion
Auf unendlich viele Variationen sein.

Die Strategie des Stellungbeziehens ist das Abbild des Wassers.
Bewegtes Wasser meidet die Höhen und eilt durch das Flachland.
Eine Strategie des Stellungbeziehens meidet die Realität
Und konfrontiert mit Hilfe von Täuschung.
Wasser paßt sich der Landschaft an und fließt systematisch;
Die Strategie paßt sich dem Gegner an
Und triumphiert systematisch.

So wie das Wasser keine absolute Position einnimmt,
Hat die Strategie keine absolute Richtung.
Wer den Wandlungen des Gegners folgen kann,
Um den Sieg davonzutragen,
Verdient das Prädikat genial.

Daher herrscht keines der fünf Elemente absolut.
Keine der vier Jahreszeiten herrscht absolut.
Die Tage mögen lang oder kurz wirken.
Der Mond mag aufgehen oder untergehen.

Die fünf Elemente sind Metall, Holz, Wasser, Feuer und Erde.
Alle diese Elemente existieren in gegenseitiger Abhängigkeit,
daher »herrscht keines absolut«.

Das Wort *Spionage* stammt von dem chinesischen Wort *Chien*, was auch
»Abstand zwischen zwei Dingen«, »Leck«, »Spalt«, »Wandel« oder
»Ersatz« bedeutet.
Man kann es auch mit »Spionieren« oder »Nachrichtenbeschaffung«
übersetzen.
Da sich Chien auf die Information bezieht, die durch ein »Leck«
durchsickert, wird es in der Kunst der Strategie mit »Spionage« übersetzt.
Nachrichtenbeschaffung wird ausführlich im dreizehnten Kapitel behandelt:
»Der Einsatz von Spionage«.

Siebtes Kapitel

DER EINSATZ DES HEERES

(VORTEILBRINGENDES MANÖVRIEREN)

Sun Tsu beschrieb den »Einsatz des Heeres« als ein Manöver, um während einer direkten Konfrontation die Lage zu den eigenen Gunsten zu wenden. Er wies darauf hin, daß die erfolgreichsten Manöver aus der Beherrschung der direkten und indirekten Taktik resultieren — insbesondere aus der Fähigkeit, direkte Wirkung mit indirekten Mitteln zu erzielen. Er war überzeugt, daß schon die kleinsten Mißgeschicke des Gegners beste Gelegenheiten für indirektes Manövrieren liefern. Desorganisierte, logistisch benachteiligte, besorgte und ängstliche Gegner liefern nützliche Vorteile für ihre Widersacher. Sun Tsu bekräftigte, daß ein hervorragender Anführer wissen wird, wie er diese indirekten Vorteile in siegbringendes Handeln ummünzen kann. »Sieger«, sagte er, »wissen im voraus, wie das Direkte und das Indirekte zu berechnen ist.«

Sun Tsu beschrieb ebenfalls eine Anzahl von Fallstricken, die beim Einsatz des Heeres zu vermeiden sind. Geschickte Anführer greifen niemals an, wenn ihre Gegner gerade guten Mutes sind oder wenn ihre Verteidigung geordnet und eindrucksvoll wirkt. Statt dessen warten sie auf das unvermeidlichen Nachlassen der Moral. Darüber hinaus lassen sie sich niemals durch Geschenke ihrer Gegner in Versuchung führen, noch nehmen sie die Verfolgung auf, wenn der Gegner Furcht oder Flucht vortäuscht. Wiederum warten sie erst ab. Überragende Anführer provozieren niemals Konkurrenzdenken und Rivalität in ihrer Organisation, weil sie wissen, daß das tatsächlich eine Schwächung ihrer Hilfsmittel bedeuten würde. Und schließlich: Sind sie erst einmal im Vorteil, dann sorgen sie dafür, daß ihrem Gegner ein Fluchtweg bleibt. Sun Tsu sagte: »Wenn sich der Gegner zurückzieht, störe nicht; wenn die Gegnerschaft umzingelt wird, öffne einen Durchlaß; wenn der Gegner verzweifelt ist, übe keinen Druck aus. So verhält es sich mit der Entfaltung einer kunstvollen Strategie.«

KONFLIKT IM SELBST Wenn Sie sich einem inneren Gegner stellen, müssen Sie ständig darum bemüht sein, sich in eine Position des Vorteils zu manövrieren. Sehr häufig wird ein Gegner aus der direkten Konfrontation Stärke gewinnen, einfach nur deshalb, weil Sie sich mit ihm einlassen und ihm Aufmerksamkeit schenken. Indirekte Strategien werden es Ihnen ermöglichen, sich seine Kraft zu eigen zu machen, ohne sie zu festigen.

Studieren Sie Ihren inneren Gegner, um seine Hochs und Tiefs kennenzulernen: Wenn er sich in einem Tief befindet, können Sie sich frei bewegen und Ihre Strategie zur Entfaltung bringen; wenn Ihr Gegner an Kraft gewinnt, müssen Sie jedoch indirekt vorgehen. Sorgen Sie dann für Ablenkungen, die Sie von Ihrem Konflikt wegführen. Allein schon das Abziehen Ihrer Aufmerksamkeit vom Konflikt und Ihre Konzentration auf andere Dinge kann eine tödliche indirekte Waffe bei inneren Konflikten sein.

Entwickeln Sie einen Fixpunkt für Ihre Ziele und Absichten — beispielsweise ein Selbstbild, in dem Sie friedlich und konfliktfrei leben. Entwickeln Sie dann ein einfaches Signal, das Sie an dieses Ideal erinnert. So bleiben Sie geschützt und stärken durch psychologische Koordinierung Ihre Strategie.

KONFLIKT MIT DER UMWELT Vorteilbringendes Manövrieren in umweltbedingten Konflikten ist primär eine Strategie der Nachrichtenbeschaffung. Es sollte auf der Hand liegen, daß Ihre Taktiken indirekter Natur sein müssen, da eine effiziente Beschaffung von Informationen schwierig sein wird, wenn die Umwelt erst einmal auf Sie aufmerksam geworden ist. Darüber hinaus werden Sie indirekte Taktiken vor störendem Widerstand während der Entfaltung Ihrer Strategie bewahren.

Forschen Sie Ihre Umwelt mit großer Sorgfalt aus, um einen tiefgreifenden Einblick in das System und seinen Operationsmodus zu gewinnen. Wenn möglich, versuchen Sie Insider-Informationen zu bekommen, ganz gleich, wie kostspielig sie auch sein mögen. Sun Tsu sagte: »Wer die Position der Berge, Wälder, Pässe und Sümpfe nicht kennt, ist nicht fähig, das Heer zu bewegen. Wer sich nicht der ortsansässigen Führer bedient, kann die Situation nicht zu seinem Vorteil wenden.«

Sie müssen herausfinden, wo die Schwächen und Verwundbarkeiten der Umgebung sitzen, wo sie ihre Stärken hat. Darüber hinaus müssen Sie die Momente erfühlen, in denen Ihre Umwelt den stärksten Einfluß auf Sie ausübt und in denen sich der Griff lockert. Bedienen Sie sich dieser Information, um sich in eine vorteilhafte und unbehinderte Position zu manövrieren. Von hier aus können Sie eine Strategie entfalten, die eine Wandlung Ihrer Beziehung zur Umwelt bewirkt oder Ihnen erlaubt, Ihre Umgebung hinter sich zu lassen und neue Wege zu gehen.

KONFLIKT MIT EINEM ANDEREN Zwischenmenschliche Konflikte enthalten drei Faktoren, die der Kontrolle Ihres Gegners unterstehen und die Ihnen helfen können, sich vorteilhaft zu positionieren, wenn Sie ein wachsames Auge auf sie haben. Der erste Faktor ist der Geist Ihres Gegners, seine innere Entschlossenheit. Sun Tsu sagte: »Am Morgen ist der Geist scharf; während des Tages ist der Geist träge; in der Dämmerung kehrt sich der Geist nach innen. Wer geschickt im Einsatz der Strategie ist, zieht sich zurück, wenn der Geist scharf ist, und greift an, wenn er träge oder nach innen gekehrt ist.«

Der zweite Faktor ist die Gemütsruhe. Um einen zwischenmenschlichen Konflikt siegreich zu bestehen, müssen Sie ständig ein Auge auf die Verfassung Ihres Gegenübers haben. Sun Tsu bemerkte, daß die Gemütsruhe in Augenblicken von Chaos und Konfusion ins Wanken gerät und daß solche Zeiten ideal für eine direkte Konfrontation seien. Er sagte: »Die Beherrschten warten auf die Zerrütteten; die Gelassenen warten auf die Ungeordneten.«

Und schließlich wird die Stärke Ihres Gegners einen großen Einfluß auf die Wirksamkeit Ihrer Strategie haben. Diese Stärke wird ihren Tiefpunkt in Zeiten erreichen, in denen sich Ihr Gegner in einiger Entfernung vom Zentrum der Aktivitäten befindet, wenn er irgendein Bedürfnis befriedigen muß oder wenn alltägliche Routinen gestört werden. Wenn Ihr Gegner entweder im Geist, in der Gemütsverfassung oder in seinen Kräften geschwächt ist, können Sie den »Einsatz des Heeres« wagen und mit der Aussicht auf Erfolg voranschreiten.

KONFLIKT UNTER FÜHRUNGSPERSONEN Überragende Führer, die in einen Konflikt zwischen Organisationen verwickelt sind, sind ständig darauf aus, ihre Truppe in eine Vorteilsposition zu manövrieren. Das ist eine indirekte Strategie, die sich der Fehler, der Ängste oder des nachlassenden Enthusiasmus der Rivalen bedient, als willkommene Gelegenheit zum Vorrücken. Vorteilbringendes Manövrieren ist eine Strategie, die zu einem nichtdestruktiven und dauerhaften Triumph führt.

Sun Tsu warnte die Führer, daß die Einführung von Konkurrenzdenken in eine Organisation als Leistungsansporn ein gefährliches Manöver sei. Wenn sich die Organisation in Gruppen und Gruppenführer aufteilt und sich diese Gruppen zu Konkurrenz untereinander veranlaßt sehen, dann ist die Zusammenarbeit und Koordination innerhalb der Organisation behindert und ihre Überlebenskraft geschwächt. Er sagte darüber: »Eine Truppe ohne umfassende Transportmöglichkeit muß unterliegen; eine Truppe ohne Versorgung muß unterliegen; eine Truppe ohne Nachschubkarawanen muß unterliegen.«

Weiter sagte Sun Tsu, daß aufgeklärte Anführer keinen weiteren Druck ausüben, wenn erst einmal der entscheidende Vorteil über eine rivalisierende Organisation errungen wurde. Sie halten ihre Stellung und geben ihren Rivalen die Gelegenheit zur Aufgabe, zur Flucht oder zum Anschluß an die eigene Organisation. Ist der Rivale verzweifelt, dann lassen sie es nicht zum Kampf kommen, weil sie es nicht zulassen können, daß ihr Heer zu Schaden kommt durch diejenigen, die nichts mehr zu verlieren haben.

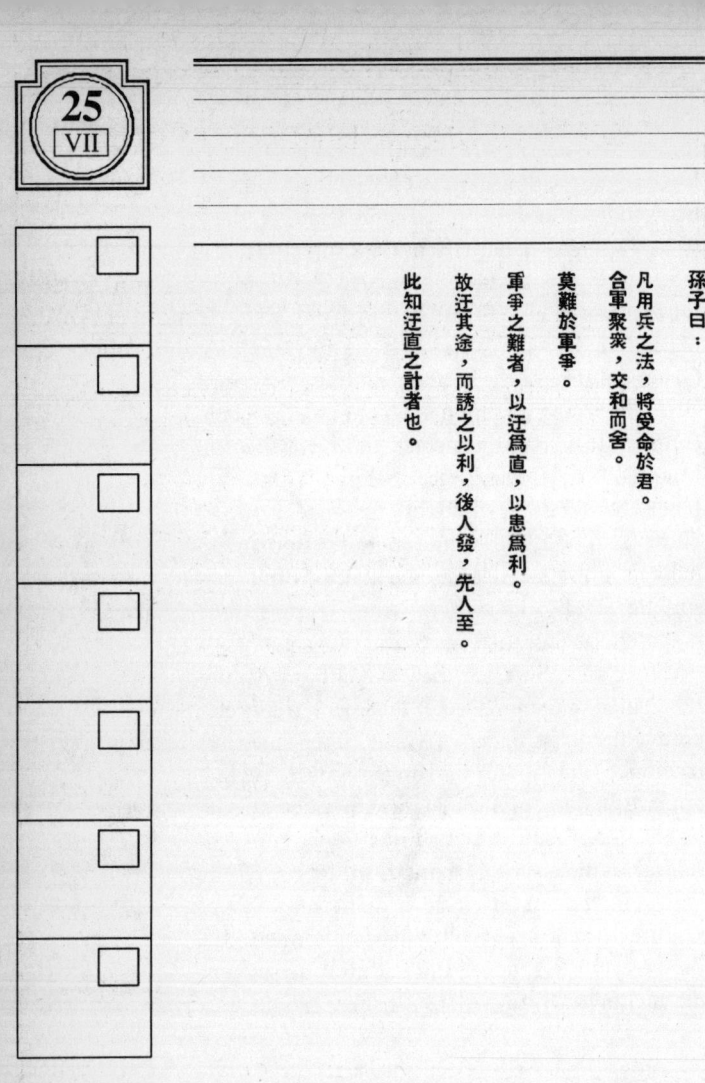

孫子曰：

凡用兵之法，將受命於君。

合軍聚衆，交和而舍。

莫難於軍爭。

軍爭之難者，以迂爲直，以患爲利。

故迂其途，而誘之以利，後人發，先人至。

此知迂直之計者也。

DIREKTE UND INDIREKTE TAKTIK

Sun Tsu sagte:

Bei der Entfaltung einer kunstvollen Strategie,
Erhält der Anführer seine Weisungen im allgemeinen
Vom Herrscher.
Das Heer wird zusammengerufen, seine Zahl zusammengestellt;
Es wird vereint, ausgerichtet und erhält Unterkunft.

Nichts ist schwieriger als der Einsatz des Heeres.

Die Schwierigkeiten beim Einsatz des Heeres sind:
Das Indirekte direkt agieren zu lassen
Und Widrigkeiten in Vorteile zu verwandeln.

Schlage deshalb den indirekten Weg ein;
Locke andere, indem du ihnen Vorteile versprichst.
Setz dich nach ihnen in Bewegung und gelange vor ihnen an.

Wer so kalkulieren kann,
hat das Direkte und das Indirekte gemeistert.

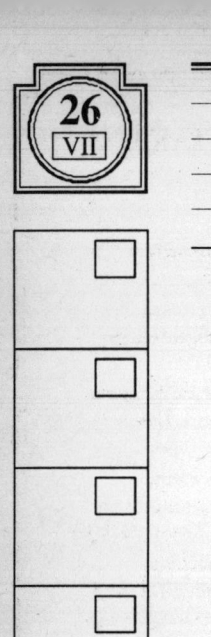

故軍爭爲利，軍爭爲危。

舉軍而爭利，則不及；委軍而爭利，則輜重捐。

是故卷甲而趨，日夜不處，倍道兼行，百里而爭利，則擒三將軍，

勁者先，疲者後，其法十一而至。

五十里而爭利，則蹶上將軍，其法半至。

三十里而爭利，則三分之二至。

是故軍無輜重則亡，無糧食則亡，無委積則亡。

DAS WETTEIFERN VERMEIDEN

Der Einsatz des Heeres kann von Vorteil sein;
Der Einsatz des Heeres kann gefährlich sein.

Wenn die gesamte Truppe um den Vorteil ringt,
Wird man ihn nicht gewinnen.
Wenn die Karawanen des Heeres um den Vorteil ringen,
Werden die Transportmöglichkeiten um vieles reduziert.

Selbst wenn die Verteidigung aufgerollt wird
Und Eilmärsche Tag und Nacht ohne Unterbrechung die
Wegstrecke einer vereinten Vorwärtsbewegung verdoppeln würden,
Würde das Zurücklegen von hundert Meilen
Zur Gefangennahme der drei Anführer der Truppe führen,
Wenn gleichzeitig miteinander um den Vorteil gerungen wird.

Die Starken werden früh ankommen,
Die Erschöpften werden spät ankommen.
Mit diesem Grundsatz wird nur einer von zehn ans Ziel gelangen.

Werden fünfzig Meilen zurückgelegt,
Während man um den Vorteil ringt,
Führt dies zum Fall des ersten Anführers der Truppe.
Mit diesem Grundsatz wird nur die Hälfte ans Ziel gelangen.

Werden dreißig Meilen zurückgelegt,
Während man um den Vorteil ringt,
Gelangen nur zwei von drei Divisionen ans Ziel.

Deshalb:
Eine Truppe ohne umfassende Transportmöglichkeit
Muß unterliegen;
Eine Truppe ohne Versorgung muß unterliegen;
Eine Truppe ohne Nachschubkarawanen muß unterliegen.

Der Begriff *Die Verteidigung aufrollen* stammt von dem Ideogramm
für ein Manuskript oder Gemälde, das man zum Transport oder zur
Lagerung aufrollen kann.
Der Hauptteil der frühen chinesischen Kunst und Literatur
wurde in transportierbarer Rollenform angefertigt.

故不知諸侯之謀者，不能豫交。

不知山林險阻沮澤之形者，不能行軍。

不用鄉導者，不能得地利。

故兵以詐立，以利動，以分合為變者也。

故其疾如風，其徐如林，侵掠如火，不動如山，

難知如陰，動如雷霆。

掠鄉分眾，廓地分利，懸權而動。

先知迂直之計者勝，此軍爭之法也。

FLEXIBILITÄT UND NACHAHMUNG

Wer die Absichten anderer Führer nicht kennt,
Kann sich nicht auf Verhandlungen vorbereiten.

Wer die Position der Berge, Wälder, Pässe und Sümpfe nicht kennt,
Ist nicht fähig, das Heer zu bewegen.

Wer sich nicht der ortsansässigen Führer bedient,
Kann die Situation nicht zu seinem Vorteil wenden.

Nachahmung ist für die Strategie von grundlegender Bedeutung.
Bewege dich, um dem Vorteil nachzugehen.
Teile oder vereine dich, um den Varianten in Aktion nachzugehen.

Deshalb: Im raschen Handeln, sei wie der Wind.
In Ruhe, sei wie der Wald.
Im Angriff, sei wie das Feuer.
Im Stillstand, sei wie der Berg.
Sei so unergründlich wie die Dunkelheit.
Bewege dich wie der Blitzschlag.

Erobere die Region, indem du die Zahlreichen verteilst.
Öffne das Gebiet, indem du die Vorteile verteilst.
Bewege dich mit verhaltener Flexibilität.

Die Sieger erkennen im voraus,
Wie das Direkte und das Indirekte zu berechnen ist.
So verhält es sich mit dem Einsatz des Heeres.

軍政曰：言不相聞，故爲鼓鐸；視不相見，故爲旌旗。

夫金鼓旌旗者，所以一民之耳目也。

民旣專一，則勇者不得獨進，怯者不得獨退，此用衆之法也。

故夜戰多火鼓，晝戰多旌旗，所以變人之耳目也。

故三軍可奪氣，將軍可奪心。是故朝氣銳，晝氣惰，暮氣歸。

善用兵者，避其銳氣，擊其惰歸，此治氣者也。

以治待亂，以靜待譁，此治心者也。

以近待遠，以佚待勞，以飽待饑，此治力者也。

無邀正正之旗，無擊堂堂之陣，此治變者也。

故用兵之法，高陵勿向，背邱勿逆，佯北勿從，銳卒勿攻，餌兵勿食，歸師勿遏，圍師必闕，窮寇勿迫。

此用兵之法也。

DIE BEHERRSCHUNG DER VARIANTEN

Im *Tschun Tscheng* heißt es:

»Wenn Sprechende einander nicht hören können,
Dann gehe vor mit Trommeln und Glockengeläut.
Wenn Beobachter einander nicht sehen können,
Dann gehe vor mit Bannern und Fahnen.
So werden die Augen und Ohren der anderen eins:
Sie machen die Gongs, Trommeln, Banner und Fahnen ausfindig.
Ist erst einmal die Konzentration der anderen gebündelt,
Werden die Mutigen nicht alleine vorrücken,
Werden die Furchtsamen nicht alleine den Rückzug antreten.
So verhält es sich mit der Kunst des Einsatzes der Zahlreichen.«

Deshalb: Bei nächtlichen Angriffen
Sollte es vielen Fackeln und Trommeln geben;
Bei Angriffen während des Tages
Sollte es viele Banner und Fahnen geben.
Auf diese Weise können die Augen und Ohren anderer
die Varianten identifizieren.

Die gesamte Truppe kann ihres Geistes beraubt werden;
Die Anführer der Truppe
Können ihrer Gemütsruhe beraubt werden.
Am Morgen ist der Geist scharf;
Während des Tages ist der Geist träge;
In der Dämmerung wendet sich der Geist nach innen.

Wer geschickt im Einsatz der Strategie ist,
Zieht sich deshalb zurück, wenn der Geist scharf ist,
Und greift an, wenn er träge oder nach innen gekehrt ist —
So beherrscht er den Geist.
Die Beherrschten warten auf die Zerrütteten;
Die Gelassenen warten auf die Ungeordneten —
So beherrschen sie die Gemütsverfassung.
Die Nahen warten auf die Entfernten;
Die Gelassenen warten auf die Besorgten;
Die Satten warten auf die Hungrigen —
So beherrschen sie die Stärke.

Sie behindern nicht,
Wenn die Banner geordnet und ausgerichtet sind;
Sie greifen niemals an,
Wenn der Verband eindrucksvoll und imponierend formiert ist.
So beherrschen sie die Varianten.

Deshalb: Um eine kunstvolle Strategie zur Ausführung zu bringen,
Blicke nie nach oben, wenn der Berg hoch ist;
Zieh dich nie zurück, wenn der Berg hinter dir liegt;
Folge nie, wenn die Flucht nur vorgetäuscht ist;
Greife niemals an, wenn der Gegner im Hoch ist;
Schnappe nie zu, wenn Ködern die Strategie ist;
Störe nicht, wenn der Gegner den Rückzug antritt;
Öffne einen Durchlaß, wenn die Gegnerschaft umzingelt wird;
Übe keinen Druck aus, wenn der Gegner verzweifelt ist.

So verhält es sich mit der Entfaltung einer kunstvollen Strategie.

Das *Tschun Tscheng* ist eine alte militärische Abhandlung,
die jedoch verlorengegangen ist. Wörtlich könnte man den Titel mit
»Militärische Grundsätze« übersetzen.

Das Wort *Geist* kommt vom chinesischen Wort *Ch'i*, das man auch mit
»Energie«, »Atem« oder »Charakter« übersetzen könnte.
Es bezieht sich auf die innere Stärke oder Lebenskraft eines Individuums.

Das Wort *Gemütsverfassung* kommt vom chinesischen Wort *Hsin*, das mit
»Herz«, »Denken« oder »Gewissen« übersetzt werden kann. Gemeint ist
die wahre Natur oder der höhere Geist eines Menschen.

Achtes Kapitel

DIE NEUN
VARIANTEN

(SPONTANEITÄT IM FELDE)

Die neun taktischen Varianten basieren auf den günstigen und ungünstigen Situationen, die sich bei der Strategieentfaltung im Verlauf eines Konfliktes ergeben. Vorteile verleihen der Strategie Glaubwürdigkeit, aber die Behinderungen eines Gegners geben ihr den Vorsprung. Hervorragende Anführer besitzen nicht nur die Fähigkeit, die Nachteile des Gegners zu erkennen — Desorganisation, Verwirrung, Erschöpfungsgrad, Interesselosigkeit, Unvorbereitetsein und Fehlkalkulationen —, sondern können auch ihre Strategie wandeln, um aus ihnen Kapital zu schlagen. Sun Tsu war der Meinung, daß geschickte Anführer ihre Taktiken flexibel handhaben müssen, wenn der Angriff erst einmal begonnen hat. Sie dürfen nicht zulassen, daß eine kontrollierte Strategie kreative Gegenmaßnahmen behindert, noch sollten Befehle aus der Distanz vom Geschehen spontane, der augenblicklichen Lage angepaßte Manöver stören. »Es gibt Befehle des Herrschers, denen man nicht gehorchen darf«, sagte Sun Tsu. Er bestand darauf, daß sich die Taktik in Harmonie mit der jeweiligen Lage wandeln muß, und darüber hinaus, daß sich Situationen ergeben werden, denen man in jedem Fall aus dem Wege gehen sollte.

Sun Tsu sprach die Warnung aus, daß selbst dann, wenn ein Anführer das Geschick und die Vortrefflichkeit besitzt, die Neun Varianten zu praktizieren, es immer noch bestimmte, bei allen Anführern vorkommende Charakterfehler gebe, die zur Niederlage führen würden. Diese Fehler sind Leichtsinn, übergroße Vorsicht, leichte Erregbarkeit, überpenible Genauigkeit und tiefsitzende persönliche Bindungen. Er sagte: »Die Fünf Schwächen sind ein Fehler bei einem Anführer. Bei der Entfaltung einer Strategie wirken sie sich katastrophal aus. Wird die Truppe geschlagen und ihr Anführer vernichtet, dann geschieht dies ohne Zweifel aufgrund der Fünf Schwächen.«

KONFLIKT IM SELBST Wenn Sie sich einem inneren Konflikt stellen, müssen Sie damit beginnen, Ihre alltäglichen Verhaltensmuster zu wandeln. Sie sollten dabei jedoch nicht vorsichtig und ängstlich werden, noch sollten Sie leichtsinnig Ihren inneren Gegner herausfordern. Beide Extreme sind gefährliche Fallstricke. Handeln Sie voll Selbstvertrauen, und bleiben Sie wachsam.

Ihre Pluspunkte — Entschlossenheit, Konzentration und Kreativität — sind Ihre Waffen bei der Überwindung innerer Konflikte. Machen Sie Gebrauch von Ihren Vorteilen, um Ihre Interessen zu erweitern und Ihre Absichten auf andere Ziele zu richten. Verweilen Sie nicht in Situationen, die mit Wahrscheinlichkeit Ihren Konflikt zutage treten lassen. Ihre »Abwesenheit« wird nach und nach Ihren inneren Gegner schwächen.

Haben Sie erst einmal mit dem Angriff begonnen, wird Ihr innerer Gegner die Augen offenhalten und auf der Lauer liegen, ob Sie einmal gerade nicht auf der Hut sind. Sie müssen deshalb ständige Wachsamkeit üben. Sun Tsu sagte: »Statt zu glauben, daß sie nicht kommen werden, warten wir auf ihr Erscheinen. Statt zu glauben, daß sie nicht angreifen werden, tauchen wir dort auf, wo sie nicht angreifen können.«

KONFLIKT MIT DER UMWELT In einem umgebungsbedingten Konflikt ist Ihre Strategie nur so wirksam wie Ihre Fähigkeit, spontan zu handeln. Jede neue Situation macht eine neue Variante in Ihrer Gesamtstrategie erforderlich. Unabhängig davon, ob Sie es mit einer Familiensituation, mit der Nachbarschaft, dem Arbeitsplatz, Ihrer Stadt oder dem Land zu tun haben, achten Sie auf situationsangepaßte Taktiken, die Ihnen den Vorsprung der Überraschung oder der Täuschung sichern.

Wenn Sie eine schwierige Umgebung hinter sich lassen wollen, seien Sie auf der Hut vor aufgebracht-negativer Haltung. Sie wird Ihren Fortschritt blockieren. Halten Sie Ihre Erregung und Ihre Selbstkritik im Zaum, entwickeln Sie eine emotionelle Unparteilichkeit. Sun Tsu warnte: »Die rasch Erzürnten können sich lächerlich machen. Die Übergenauen können gedemütigt werden. Die persönlich Gebundenen können gequält werden.«

Haben Sie erst einmal mit der umweltbedingten Konfrontation begonnen, sind Sie auf sich allein gestellt, denn in Ihrer Umgebung werden Sie wahrscheinlich kaum Unterstützung finden. Sie sollten sich jetzt auf Ihre eigenen Stärken verlassen, und darauf, daß Ihnen die Schwachpunkte, die Sie an Ihrer Umwelt wahrnehmen, den Weg zeigen werden. Der Triumph über Ihre Umgebung wird sich durch den klugen Gebrauch dieser Vorteile und Schwachpunkte einstellen.

KONFLIKT MIT EINEM ANDEREN In Zeiten eines zwischenmenschlichen Konfliktes sollten Sie das Timing bei der Entfaltung Ihrer Strategie so steuern, daß der Gegner ständig in Bewegung gehalten wird. Machen Sie sich die Wechselfälle Ihrer Interaktionen zunutze, um Ihre taktische Spontaneität zu wecken. Jedes neue Manöver, das Sie starten, wird die Kräfte und Hilfsmittel Ihres Gegners auf eine weitere Probe stellen.

Bringen Sie Ihre eigenen Pluspunkte ins Spiel — Klarheit, Zielgerichtetheit und Motivation —, um Ihren Gegner zu übereilten Reaktionen zu provozieren. Stellen Sie die Schwächen Ihres Gegners heraus — jede Konfusion, Fehlinformation oder Unsicherheit —, um die Verfassung Ihres Gegners aus dem Gleichgewicht zu bringen. Dieses Zusammenspiel von Schwächen und Stärken wird die Wirksamkeit Ihrer Strategie noch steigern.

Halten Sie besonders Ihre Emotionen in Schach. Zwischenmenschliche Konflikte bergen die höchste Wahrscheinlichkeit einer langsamen Untergrabung Ihrer Selbstkontrolle, und wenn das geschieht, werden Sie gefährliche Fehler begehen. Seien Sie nicht ängstlich, prahlerisch, zornig oder rachsüchtig. Begegnen Sie Ihrem Gegner mit Gleichmut, und konzentrieren Sie sich ausschließlich auf Ihre Ziele und auf die Strategie, die Sie ihnen näher bringt.

KONFLIKT UNTER FÜHRUNGSPERSONEN Anführer tragen eine große Verantwortung, denn letztendlich bestimmen sie über das Geschick beider beteiligten Organisationen und ihrer Mitglieder. Bei der Entfaltung der Strategie können Situationen eintreten, denen man eher aus dem Weg gehen muß, statt sich auf sie einzulassen. Viele der Varianten, die Sun Tsu beschrieb, sind »Pfade, die man nicht einschlagen sollte«. Anführer müssen die Fähigkeit besitzen, diese Pfade zu erkennen und ihren Vorwärtsschwung entsprechend umzulenken.

Geschickte Anführer analysieren kontinuierlich ihre eigenen Stärken und die Schwächen ihrer Widersacher und beziehen diese veränderlichen Faktoren in ihre Strategie mit ein. Sie machen Gebrauch von ihren eigenen Pluspunkten — Entschlossenheit, Selbstvertrauen, Gründlichkeit —, um ihre Gegner zu zwingen, sich auf ihre Schwachstellen zu konzentrieren: Langeweile, Zweifel, Desorganisation. Dies schwächt das Selbstvertrauen ihrer Gegner. Sun Tsu sagte: »Wer die anderen Anführer in die Knie zwingt, tut dies mit Hilfe von Schwächen. Wer die anderen Anführer auf die Probe stellt, tut dies mit Hilfe von Aktivität. Wer die anderen Anführer antreibt, tut dies mit Hilfe von Vorteilen.«

Während einer Konfrontation zwischen Organisationen muß der Anführer seine Gefühle vollständig unter Kontrolle haben. Sun Tsu unterstrich nachdrücklich den schweren Schaden, den die Schwächen eines Anführers der Organisation zufügen können. Er warnte: »Die allzu Leichtsinnigen können vernichtet werden. Die Übervorsichtigen können gefangengenommen werden.«

Wer als Anführer eine erfolgreiche Strategie zur Entfaltung bringt, tut dies in streng professioneller Art und Weise.

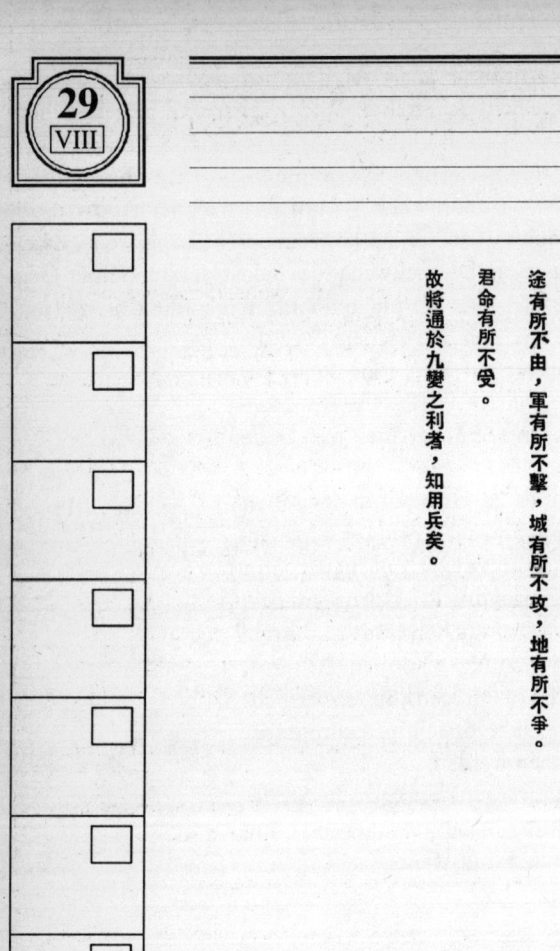

孫子曰：

凡用兵之法，將受命於君，合軍聚眾。

圮地無舍，衢地交合，絕地無留，圍地則謀，死地則戰。

途有所不由，軍有所不擊，城有所不攻，地有所不爭，

君命有所不受。

故將通於九變之利者，知用兵矣。

SITUATIONSANGEPASSTE
STRATEGIEN

Sun Tsu sagte:

Bei der Ausführung einer Kunstvollen Strategie,
Erhält der Anführer seine Weisungen
Im allgemeinen von einem Herrscher.
Die Truppe wird zusammengerufen, ihre Zahl zusammengestellt.

Ist die Lage behindert, schlage kein Lager auf.
Kreuzen sich große Straßen, sammle dich, um zu verhandeln.
In isolierten Stellungen halte dich nicht lange auf.
Bist du umzingelt, entwerfe eine Kriegslist.
In verzweifelter Lage muß es zum Kampf kommen.

Es gibt Pfade, die man nicht einschlagen soll.
Es gibt Armeen, die man nicht angreifen soll.
Es gibt befestigte Stellungen, die nicht belagert werden sollen.
Es gibt Situationen, denen man ausweichen soll.

Es gibt Befehle des Herrschers, denen man nicht gehorchen soll.

Ein Anführer, der den Vorteil der neun Varianten begreift,
Weiß, wie eine Strategie auszuführen ist.

Das Wort *behindert* stammt vom Ideogramm für »Brücke« oder »Flußufer«.
In der Kunst der Strategie ist damit ein Gebiet gemeint,
das nur eingeschränkte Möglichkeiten zum Manövrieren
und zur Flucht bietet.

Die »Herrscherbefehle, denen man nicht gehorchen soll«
sind eine der neun Varianten.
Diese zusammenfassende Feststellung soll betonen,
daß bestimmte Situationen eine Änderung der Strategie
erforderlich machen.

將不通於九變之利者，雖知地形，
不能得地之利矣。

治兵不知九變之術，雖知五利，
不能得人之用矣。

是故智者之慮，必雜於利害，

雜於利而務可信也，雜於害而患可解也。

VOR- UND NACHTEIL KOMBINIEREN

Anführer, die trotz ihrer Kenntnis der Örtlichkeiten
Und der Stellungen
Nicht um die Vorteile der neun Varianten wissen,
Können die Situation nicht zu ihrem Vorteil wenden.

Wer bei einer kontrollierten Strategie
Nicht um die Theorie der neun Varianten weiß,
Wird trotz seiner Kenntnis der fünf Vorteile,
Nicht in der Lage sein, andere erfolgreich einzusetzen.

Wer klug berechnen kann, wird deshalb ohne Zweifel
Vor- und Nachteile kombinieren.

Die Kombination der Vorteile
Verleiht der Unternehmung Glaubwürdigkeit;
Die Kombination der Nachteile
Führt zur Überwindung der Widrigkeiten.

Bei den fünf Vorteilen, die Sun Tsu hier erwähnt, handelt es sich
wahrscheinlich um die im zwölften Abschnitt beschriebenen Aspekte.
Es sind folgende: Wissen, wann ein Angriff angebracht ist und wann nicht;
erkennen, wie man in der Mehrzahl und in der Minderzahl taktieren muß;
höherwertige von zweitrangigen Zielen unterscheiden können;
sich bereit halten, um auf die Unvorbereiteten zu warten;
ohne Einmischung eines Herrschers die Führung innehaben.

是故屈諸侯者以害。

役諸侯者以業。

趨諸侯者以利。

故用兵之法，

無恃其不來，恃吾有以待也。

無恃其不攻，恃吾有所不可攻也。

DEM GEGNER ZUVORKOMMEN

Wer andere Anführer in die Knie zwingt,
tut dies mit Hilfe von Schwächen.

Wer andere Anführer auf die Probe stellt,
tut dies mit Hilfe von Aktivität.

Wer andere Anführer antreibt,
tut dies mit Hilfe von Vorteilen.

So verhält es sich mit der Entfaltung einer Kunstvollen Strategie:

Statt zu glauben, daß sie nicht kommen werden,
Warten wir auf ihr Erscheinen.

Statt zu glauben, daß sie nicht angreifen werden,
Tauchen wir dort auf, wo sie nicht angreifen können.

故將有五危：

必死，可殺也；必生，可虜也；忿速，可侮也；廉潔，可辱也；愛民，可煩也。

凡此五者，將之過也，用兵之災也。

覆軍殺將，必以五危。

不可不察也。

DIE FÜNF SCHWÄCHEN
DER ANFÜHRER

Anführer können fünf Schwächen haben:

Die allzu Leichtsinnigen können vernichtet werden.
Die Übervorsichtigen können gefangengenommen werden.
Die rasch Erzürnten können sich lächerlich machen.
Die Übergenauen können gedemütigt werden.
Die persönlich Gebundenen können gequält werden.

Die fünf Schwächen sind im allgemeinen ein Fehler
Bei einem Anführer.
Bei der Entfaltung einer Strategie wirken sie sich katastrophal aus.

Wird die Truppe geschlagen und ihr Anführer vernichtet,
Dann geschieht dies ohne Zweifel aufgrund der fünf Schwächen.

Man muß sie sorgsam studieren.

Neuntes Kapitel

DIE BEWEGUNG
DES HEERES

(DIE KONFRONTATION IM FELDE)

Wenn sich geschickte Anführer in eine Konfrontation begeben müssen, sind sie hauptsächlich um Optimierung und Schutz ihrer eigenen Truppe — ihrer Strategie, Hilfsmittel und Stärken — und um Analyse und Vorwegnahme der Aktionen der gegnerischen Kräfte bemüht. Jeder Konfrontation ist ein spezielles Terrain oder eine spezielle Situation zu eigen, die Sun Tsu in vier Typen einteilte: Berge, Wasserstraßen, Sümpfe und ebenes Gelände. Er war überzeugt, daß Anführer die Fähigkeit besitzen müssen, ihre Truppen situationsangepaßt bewegen und positionieren zu können und dabei stets sowohl ihre eigene Sicherheit als auch das geeignete Gelände im Auge zu behalten. Sun Tsu sagte: »Wird die Sicherheit berücksichtigt und die Stellung realistisch gewählt, bleibt die Truppe gesund und kann von einem sicheren Sieg ausgehen. So hilft die Situation dabei, der Strategie den Vorteil zu sichern.«

Ist erst einmal die Lage bekannt und die Strategie entsprechend angepaßt, richten geschickte Anführer ihre Aufmerksamkeit auf das Verhalten ihres Gegners, um Position, Stärken, Verwundbarkeiten und Strategie ihres Rivalen auszuforschen. Durch sorgfältige Beobachtung zu Beginn der direkten Konfrontation können sich wachsame Führer in den Besitz wichtiger Informationen über ihre Widersacher bringen. Sie können herausfinden, wie ihr Gegner die Lage beurteilt und ob er letztlich ein Vorrücken oder einen Rückzug plant. Sie können herausfinden, ob ihr Gegner unter Zeitdruck steht, ob er ungeordnet oder in Not ist. Strategische Informationen dieser Art werden einem überragenden Anführer den Weg zum sicheren Triumph weisen.

KONFLIKT IM SELBST Die schwierigste Herausforderung während einer inneren Konfrontation ist die ständige Wachsamkeit gegenüber Ihrem inneren Gegner. Ihr innerer Widersacher ist Bestandteil Ihres Bewußtseins, und das ist seine große Stärke. Sie müssen deshalb Ihre Entschlossenheit — Ihre »bewegliche Truppe« — schützen, indem Sie Gebieten ausweichen, in denen Ihr innerer Gegner die Oberhand bekommen kann. Sun Tsu sagte: »Situationen, in denen Schluchten oder natürliche Senken, Käfige,

Fallen, Schlingen und Spalten den Weg abschneiden, müssen rasch verlassen oder von vornherein vermieden werden.«

Andererseits besitzen Sie einen großen Vorteil gegenüber Ihrem inneren Gegner: Sie können ständig seine Stärke und Stellung überprüfen und dieses Wissen einsetzen, um sich selbst vorteilhaft und Ihren Gegner ungünstig zu positionieren. Wer in einer ungünstigen Stellung gehalten wird — exponiert und schlecht versorgt —, der wird zwangsläufig eine Niederlage erleiden müssen.

Abgesehen vom gerade aktuellen, aber auch von jedem anderen Konflikt hängt Ihre persönliche Entfaltung vom Grad Ihrer Selbstkontrolle ab. Aus jedem entschlossenen Vorgehen bei einem inneren Konflikt wird in ganz natürlicher Weise Selbstdisziplin erwachsen. Wenn Sie Selbstdisziplin kultivieren, werden Sie entdecken, daß Sie im Leben leichter und erfolgreicher immer mehr erreichen können.

KONFLIKT MIT DER UMWELT Ihre »Truppen« in umweltbedingten Konflikten sind Ihre Entschlossenheit, Ihr wachsender innerer Abstand und Ihr Gefühl für das letztlich angestrebte Ziel. Während Sie mobil machen für die siegbringende Stellung, müssen Sie sorgsam Ihre Hilfsmittel schützen. Sie werden sie später für einen Neuanfang brauchen.

Sun Tsu beschrieb vier Arten der Umgebung und zugleich die besten Methoden, dort das »Heer zu bewegen«. In den Bergen: Bewege dich in den Tälern und Senken, um keine Aufmerksamkeit auf dich zu ziehen. Bei Wasserwegen: Überquere sie, wenn es nötig ist, und entferne dich dann. In Sümpfen: Bewege dich rasch und leicht, wie in jedem unangenehmen Gelände, um ein Steckenbleiben zu vermeiden. In offen einsehbarem, ebenen Gelände: Blicke dem Konflikt ins Auge, und schütze deinen Rücken.

Ihre Umgebung ist genausosehr ein Teil von Ihnen, wie Sie ein Teil von ihr sind. Nutzen Sie diese intime Verbundenheit, um ihre Rhythmen und Haltungen, ihre Ängste und verborgenen Rückhalte zu beobachten und zu analysieren. Ihre detaillierte Kenntnis der Umgebung wird letztlich zur Garantie für einen erfolgreichen Übergang.

KONFLIKT MIT EINEM ANDEREN Zwischenmenschliche Konflikte können tiefgehendste emotionale Zustände provozieren. Sie müssen jedoch starke Gefühle unter Kontrolle bringen, wenn sich Ihre Strategie erfolgreich entfalten soll. Sublimieren Sie Ihre Emotionen, indem Sie Ihre Energien auf die Analyse des Gegners richten. »In einer dichtgeknüpften Strategie«, sagte Sun Tsu, »bei der man dem anderen möglicherweise lange Zeit Auge in Auge gegenübersteht, ohne vorzurücken oder den Rückzug anzutreten, sind sorgfältige Erkundungen von wesentlicher Bedeutung.«

Versuchen Sie, bei Ihren Beobachtungen Stärken, Befürchtungen, Verwundbarkeit und Angriffsplan Ihres Gegners auszuforschen. Alle diese Dinge enthüllen sich einem sorgfältigen Beobachter zum Zeitpunkt der direkten Konfrontation. Wechseln Sie sodann Ihre Position, um sich außerhalb der Reichweite eines Angriffs zu stellen; ändern Sie als nächstes Ihre Strategie, um Ihren Gegner zu überrumpeln. Das ist es, was Sun Tsu »die Bewegung des Heeres« nennt.

Zu zwischenmenschlichen Konfrontationen kommt es, wenn Verhandlungen unmöglich sind und ein Nachgeben Ihre Entfaltung blockieren würde. Konfrontationen ändern Beziehungen auf Dauer, unabhängig davon, welcher Kompromiß oder welche Lösung erzielt wurde. Seien Sie sich deshalb völlig im klaren über Ihre Absichten, und bereiten Sie sich darauf vor, daß Ihre Beziehung eine völlig neue Gestalt annehmen wird.

KONFLIKT UNTER FÜHRUNGSPERSONEN Zu Konfrontationen zwischen Organisationen kommt es im allgemeinen auf einem Gebiet oder in einem Bereich außerhalb beider Parteien. Dieses Gelände — sei es ein Schlachtfeld, ein Gerichtssaal oder ein Marktplatz — besitzt individuelle Struktur, eigenes System und eigene Gefahren. Deshalb müssen sich Anführer wäh-

rend der Konfrontation auf alle drei Faktoren gleichzeitig konzentrieren: auf ihre Strategie, auf ihren Gegner und auf die sichere Steuerung ihrer Truppe durch ungewisses Gelände.

Jeder geschickte Führer weiß, daß der Augenblick der direkten Konfrontation die beste Gelegenheit bietet, den Gegner zu analysieren. Sorgfältige Beobachtung wird die Stärken des Gegners und, was noch wichtiger ist, die Anzeichen für seine Schwächen enthüllen. Des Gegners Desorganisation, sein Zeitdruck, seine Verzweiflung und Unsicherheit sind tödliche Waffen in Händen eines überlegenen Strategen.

Das Ziel jedes Führers in Zeiten der Konfrontation zwischen Organisationen wird es sein, die Koordination, das Zusammenwirken und die Pflichttreue aller Mitglieder der Organisation aufrechtzuerhalten. Diese Faktoren wurzeln in Führungsqualitäten, denen man tiefempfundene Achtung entgegenbringt, und werden durch ein wohlstrukturiertes System von Lohn und Strafe gestützt. Sun Tsu bestand darauf, daß Pflichttreue durch überlegene Führerschaft kultiviert werden kann. Er sagte: »Wer mit absoluter Glaubwürdigkeit die Befehle erteilt, kann die Zahlreichen erfolgreich zusammenführen.«

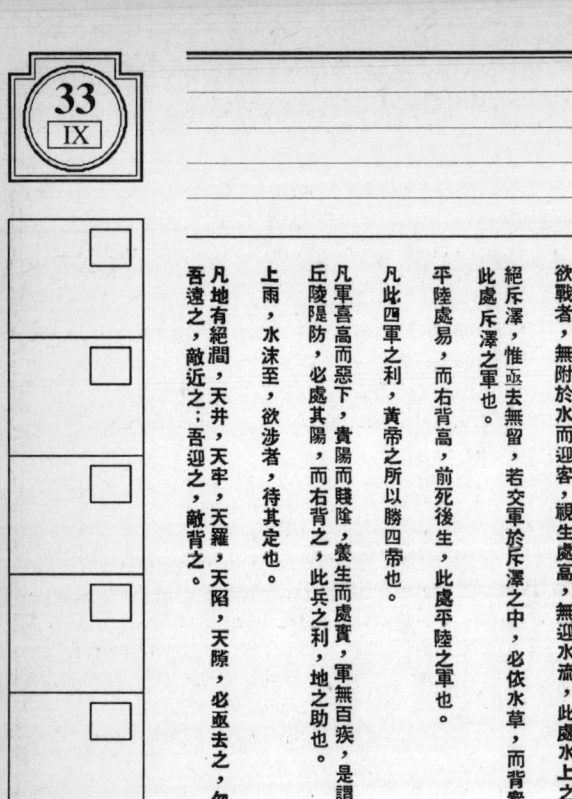

孫子曰：凡處軍相敵。

絕山依谷，視生處高，戰隆無登，此處山之軍也。

絕水必遠水，客絕水而來，勿迎之於水內，令半渡而擊之，利。欲戰者，無附於水而迎客，視生處高，無迎水流，此處水上之軍也。

絕斥澤，惟亟去無留，若交軍於斥澤之中，必依水草，而背眾樹，此處斥澤之軍也。

平陸處易，而右背高，前死後生，此處平陸之軍也。

凡此四軍之利，黃帝之所以勝四帝也。

凡軍喜高而惡下，貴陽而賤陰，養生而處實，軍無百疾，是謂必勝。丘陵隄防，必處其陽，而右背之，此兵之利，地之助也。

上雨，水沫至，欲涉者，待其定也。

凡地有絕澗，天井，天牢，天羅，天陷，天隙，必亟去之，勿近也。吾遠之，敵近之；吾迎之，敵背之。

DIE SITUATION AUSNÜTZEN

Sun Tsu sagte:

Wenn man das Heer in Stellung bringt und den Gegner analysiert,
Sollte man im allgemeinen

Die Berge überqueren, indem man dem Verlauf der Täler folgt.
Schutz in höheren Lagen finden.
Nicht nach oben klettern, um anzugreifen.
So verhält es sich mit der Stellung des Heeres in den Bergen.

Die Wasserwege überqueren und sich auf Distanz halten.
Wenn Abenteurer das Wasser überqueren,
Begegne ihnen niemals in der Strommitte.
Die Gefahr, in die sie sich durch die Überquerung begeben,
Um anzugreifen, ist ihrerseits ein Vorteil.
Wer angreifen will, sollte sich nicht in der Nähe
Von Wasser aufhalten, wenn er sich Abenteurern gegenübersieht.
Er findet Schutz in höheren Lagen;
Er trifft sich nicht in fließendem Wasser.
So verhält es sich mit der idealen Stellung bei Wasserwegen.

Überquere Sümpfe und denke nur daran,
Sie zu verlassen und dich nicht dort aufzuhalten.
Wenn das Heer inmitten eines Sumpfes zum Einsatz kommt,
Halte dich an die Grasbänke, mit dem Rücken zu Bäumen.
So verhält es sich mit der Stellung des Heeres im Sumpf.

Ebenes Gelände läßt sich leicht einnehmen.
Lasse die Höhen hinter dir, und behalte sie zu deiner Rechten,
Damit die Gefahr von vorne kommt
Und dein Rücken geschützt ist.
So verhält es sich mit der Stellung des Heeres in ebenem Gelände.

Im allgemeinen sind es diese vier, die dem Heer den Vorteil bringen.
Es waren diese vier,
Die den Gelben Kaiser zum größten Kaiser machten.

Für gewöhnlich zieht das Heer die Höhen vor
und haßt das Flachland.
Es schätzt das Licht und verachtet die Dunkelheit.
Wird die Sicherheit berücksichtigt
Und die Stellung realistisch gewählt,
Bleibt die Truppe gesund
Und kann von einem sicheren Sieg ausgehen.
Halte deshalb eine Stellung im Licht,
Hinter dir und zur rechten Seite hin ansteigend,
Wenn du dich in hügeligem Gelände befindest.
So hilft die Situation dabei, der Strategie den Vorteil zu sichern.

Wenn es Regen gibt und die Wasserwege überflutet sind,
Sollte man das Sinken des Wassers abwarten,
Wenn man sie überqueren möchte.

Situationen,
In denen Schluchten oder natürliche Senken, Käfige,
Fallen, Fallstricke und Bodenspalten den Weg abschneiden,
Müssen im allgemeinen rasch verlassen
Oder von vornherein vermieden werden.
Wir halten uns von ihnen fern, um den Gegner dorthin zu lenken.
Wir wenden ihnen unser Gesicht zu,
So daß sie der Gegner in seinem Rücken findet.

Der Gelbe Kaiser, Huang Ti, war ein legendärer chinesischer Herrscher.
Er soll von 2698 bis 2598 v. Chr. regiert haben.

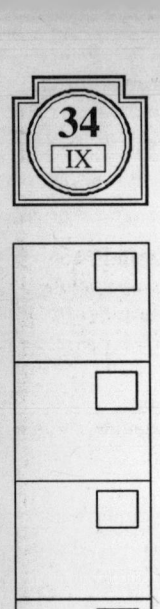

軍旁有險阻蔣潢，井生葭葦，山林翳薈者，必謹覆索之，此伏奸之所藏也。

敵近而靜者，恃其險也；遠而挑戰者，欲人之進也。其所居易者，利也。

衆樹動者，來也；衆草多障者，疑也；鳥起者，伏也；獸駭者，覆也。

塵高而銳者，車來也；卑而廣者，徒來也；散而條達者，樵採也；少而往來者，營軍也。

辭卑而益備者，進也；辭強而進驅者，退也；輕車先出居其側者，陳也。

無約而請和者，謀也；奔走而陳兵者，期也；半進半退者，誘也。

DIE STRATEGIE DES GEGNERS
ERMITTELN

Befindet sich das Heer in der Nähe von strategisch wichtigen Pässen,
Oder von Tümpeln und Senken, überwachsen mit Binsen und Schilf,
Oder von Bergwäldern, verhangen vom dichten Unterholz,
Dann müssen diese sorgfältig und wiederholt erkundet werden.
Es kann sich um einen Hinterhalt
Oder ein Versteck des Gegners handeln.

Gegner, die sich in der Nähe aufhalten,
Aber dennoch gelassen bleiben,
Halten sich selbst für furchterregend stark.
Wer weit entfernt ist und sich dennoch provozierend verhält,
Will andere zum Vorrücken verleiten.
Wer im Hinterhalt liegt, läßt Vögel auffliegen.
Wer plötzlich vorrückt, erschreckt die Tiere.

Wer mit Wagen näher rückt,
Wirbelt hohe, kreisende Staubwolken auf.
Wer zu Fuß näher rückt, wirbelt flache, breite Staubwolken auf.
Wer Brennstoff sammelt,
Wirbelt regelmäßige, verstreute Staubwolken auf.
Wer sein Korps das Lager aufschlagen läßt,
Wirbelt kleine, kreisende Staubwolken auf.

Wer kurz vor dem Vorrücken steht,
Spricht demütig und verstärkt gleichzeitig seine Vorbereitungen.
Wer kurz vor dem Abrücken steht,
Spricht ausweichend und übt gleichzeitig provozierenden Druck aus.
Wer sich zum Kampf aufstellt,
Schickt frühzeitig die leichten Wagen, um die Flanken zu besetzen.

Wer eine List im Sinne hat,
Spricht vom Waffenstillstand ohne konkrete Vertragsvorschläge.
Wer den entscheidenden Augenblick gekommen sieht,
Entfaltet seine Strategie mit unruhigen Bewegungen.
Wer eine Täuschung im Sinne hat,
Rückt teils vor, teils zieht er sich zurück.

倚仗而立者，饑也；汲而先飲者，渴也；見利而不進者，勞也。

鳥集者，虛也；夜呼者，恐也；軍擾者，將不重也；旌旗動者，亂也；吏怒者，倦也。

粟馬肉食，軍無懸缻，不返其舍者，窮寇也；諄諄翕翕，徐言入入者，失眾也。

屢賞者，窘也；數罰者，困也。先暴而後畏其眾者，不精之至也；來委謝者，欲休息也。

兵怒而相迎，久而不合，又不解去，必謹察之。

兵非益多也，惟無武進，足以併力料敵，取人而已。

夫惟無慮而易敵者，必擒於人。

DIE VERWUNDBAREN STELLEN
DES GEGNERS ERKUNDEN

Wer auf seine Waffen gestützt steht, ist hungrig.
Wessen Wasserträger als erste trinken, ist durstig.
Wer einen Vorteil erkennt, aber nicht vorrückt, ist in Bedrängnis.

Wo sich die Vögel versammeln, ist das Gelände verlassen.
Wer des Nachts laut wird, ist furchtsam.
Gibt es Fahnenflucht in der Truppe, sind die Anführer schwach.
Wer seine Banner und Fahnen umherschwenkt, ist ungeordnet.
Wessen Offiziere leicht in Wut zu bringen sind, ist erschöpft.

Die Pferde fressen Getreide, die Truppe ernährt sich von Fleisch.
Gegner, die ihre Kochtöpfe nicht aufhängen
Oder in ihre Unterkunft zurückkehren, sind verzweifelt.
Diejenigen, die sich ständig zu kleinen Gruppen zusammenfinden,
Um flüsternd und murmelnd Überlegungen anzustellen,
Ahnen zahlreiche Verluste.

Wer unter großem Druck steht, teilt wiederholt Belohnungen aus.
Wer in Bedrängnis ist, spricht häufig Strafen aus.
Wer noch äußerst unreif ist, gebärdet sich anfangs scharf und bissig,
Später fürchtet er sich vor der Zahl seiner Gegner.
Wer sich nach einer Erholungspause sehnt,
Sendet großmütige Botschaften.

Bei einer dichtgeknüpften Strategie,
Bei der man dem anderen möglicherweise lange Zeit
Auge in Auge gegenübersteht, ohne vorzurücken
Oder den Rückzug anzutreten,
Sind sorgfältige Erkundungen von wesentlicher Bedeutung.

Eine Strategie wird nicht besser durch zu exakte Zahlen.
Ein Vorteil stellt sich nicht allein durch Gewalt ein.
Es reicht völlig aus,
Die Stärke des Gegners vorauszusehen und ihr ebenbürtig zu sein,
Um ihn zu fassen und die Sache zu einem Ende zu bringen.

Wer glaubt, er habe es mit einem leichten Gegner zu tun,
Ohne jedoch sorgfältige Berechnungen anzustellen,
Wird zweifellos von ihm besiegt werden.

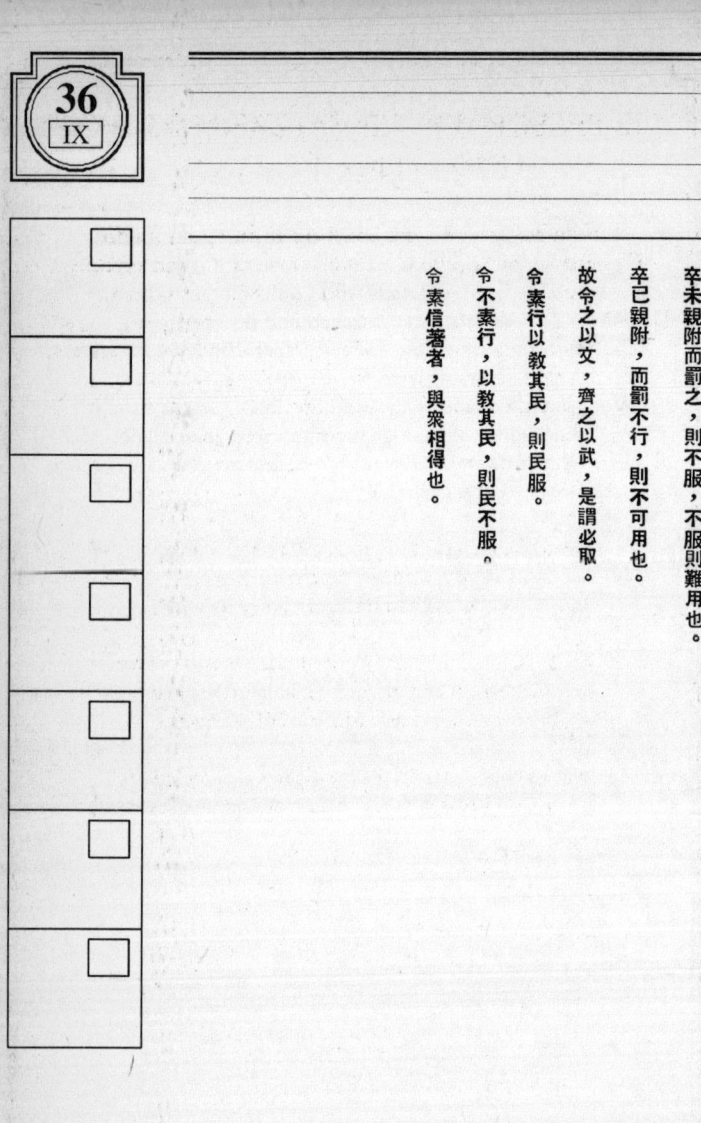

卒未親附而罰之，則不服，不服則難用也。

卒已親附，而罰不行，則不可用也。

故令之以文，齊之以武，是謂必取。

令素行以教其民，則民服。

令不素行，以教其民，則民不服。

令素信著者，與衆相得也。

164

DIE PFLEGE VON EINSATZBEREITSCHAFT UND PFLICHTGEFÜHL

Wenn das Team keine starke Verpflichtung empfindet,
Wird es auch nicht gehorchen, wenn man es mit Strafen belegt.
Einsatz ohne Gehorsam wird zu Bedrängnis führen.

Wenn das Team aber schon eine starke Verpflichtung empfindet,
Und dennoch keine Strafen verhängt werden,
Wird der Einsatz dennoch ohne Wirkung bleiben.

Deshalb können Befehle, die aus edler Gesinnung erteilt werden,
Befehle aufwiegen, die gewaltsam aufgezwungen werden.

Befehle, die geradlinig und offen erteilt werden,
Werden auf andere belehrend wirken
Und ihren Gehorsam zur Folge haben.

Befehle, die nicht geradlinig und offen erteilt werden,
Werden auf andere nicht belehrend wirken
Oder ihren Gehorsam zur Folge haben.

Wer mit absoluter Glaubwürdigkeit Befehle erteilt,
kann viele Menschen mit Erfolg zusammenführen.

Zehntes Kapitel

SITUATIONSGERECHTES STELLUNGBEZIEHEN

(DIE POSITIONIERUNG WÄHREND DER DIREKTEN KONFRONTATION)

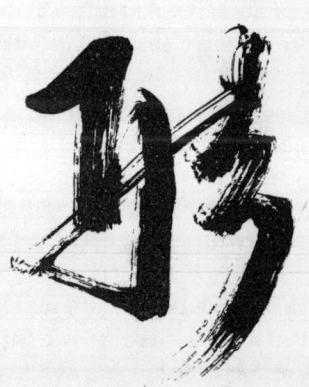

Das herausragendste strategische Manöver eines geschickten Anführers zum Zeitpunkt einer direkten Konfrontation ist ein der Lage angepaßtes Stellungbeziehen. Sun Tsu war überzeugt, daß jede Situation und ihre möglichen Abwandlungen analysiert werden könnten, um dann durch kluges Stellungbeziehen den Vorteil auf die eigene Seite zu ziehen. Er erläuterte die sechs Positionen, die von der jeweiligen Situation diktiert werden können — frei, verworren, unentschlossen, eng, behindert und entfernt —, und beschrieb die jeweils geeignetsten taktischen Manöver. Er sagte: »Diese sechs bilden das Tao der Situationen. Es zählt zu den vorrangigsten Pflichten eines Anführers, sie zu studieren.«

Sun Tsu betonte besonders die Bedeutung überlegener Führungsqualitäten während einer Konfrontation. Überragende Anführer sorgen dafür, daß jede ihrer Aktionen der Strategie zum Vorteil gereicht und gleichzeitig die Truppe schützt. Solche Anführer sind nicht an Ruhm oder Anerkennung interessiert, noch fürchten sie sich vor Schuldzuweisungen und Strafe. Sie rücken nur vor, wenn der Sieg feststeht, sie ziehen sich augenblicklich zurück, wenn das Heer gefährdet ist. Sun Tsu nannte diesen Führungsstil »ein kostbares Gut für die Organisation«. Die Fähigkeit, den Gegner zu analysieren, signalisiert einem überragenden Führer den exakten Augenblick des Angriffs; das situationsgerechte Stellungbeziehen aber beschert einer Konfrontation den umfassenden Erfolg. Sun Tsu hob hervor: »Erkenne den anderen, und erkenne dich selbst: Sieg ohne Schaden. Erkenne die Natur und die Situation: vollständiger Sieg.«

KONFLIKT IM SELBST Unabhängig von Ihrem Gefühl für Dringlichkeit und Ihrem Widerwillen gegenüber Ihrem inneren Gegner sollten Sie sich einem inneren Konflikt erst dann stellen, wenn alle Schwächen und Unsicherheiten beseitigt sind. Der Schlüssel zum Sieg über einen inneren Konflikt verbirgt sich darin, erst anzugreifen, wenn Sie sich Ihres Sieges sicher sein können. Halten Sie sich mit Ihrer strategischen Offensive so lange zurück, bis Ihre Position ein Maximum an Stärke gewonnen hat und die meiste Unterstützung findet.

Im Verlauf einer inneren Konfrontation wird Ihre Stellung im allgemeinen das sein, was Sun Tsu als »frei« bezeichnete. In einer freien Position haben Sie direkten Zugang zu Ihrem inneren Gegner und umgekehrt. Die ideale Strategie in dieser Stellung besteht darin, sich zwischen Ihren inneren Gegner und sein Nachschubsystem zu schieben. Blockieren Sie dann den Nachschub, und zapfen Sie die Energie ab, indem Sie Ihre Interessen und Absichten auf andere Dinge konzentrieren.

Die größte Gefahr für die Strategie bei einem inneren Konflikt droht von der »Unordnung«, wie Sun Tsu es nannte. Unordnung führt zur Niederlage und kann aus irgendeinem von vier Fehlern resultieren: lasche oder fehlende Disziplin; Ziele, die von vornherein verkehrt sind; prinzipienlose Taktiken (die Ziele rechtfertigen nicht die Mittel); oder eine Strategie, die zu lässig oder zu harsch ist. Hüten Sie sich vor diesen Fehlern, dann können Sie den Sieg davontragen.

KONFLIKT MIT DER UMWELT Situationsgerechtes Stellungbeziehen ist von wesentlicher Bedeutung für das erfolgreiche Bestehen einer umweltbedingten Konfrontation. Eine Umgebung kann alle situationsbedingten Stellungen einnehmen, die Sun Tsu beschrieben hat — frei, verworren, unentschlossen, eng, behindert und entfernt —, und jede dieser Stellungen kann Ihre persönliche Entfaltung blockieren. Um Ihre Umgebung hinter sich zu lassen oder Ihre Beziehung zu ihr grundlegend zu ändern, müssen Sie sich in jeder Stellung, in der Sie sich befinden, klug positionieren können.

Sie sollten keine direkte Konfrontation mit Ihrer Umwelt beginnen, solange Sie sich von Ihren Fallen bedroht sehen. Fordern Sie Ihre Umgebung nicht heraus, solange Sie sich nicht gefühlsmäßig und finanziell von ihr gelöst haben und sich Ihres letztlichen Triumphs sicher sind. Wenn Sie sich des Sieges nicht gewiß sind, dann deshalb, weil Sie nicht gründlich genug geplant haben und sich über Ihre grundlegenden Absichten nicht im klaren sind.

Der Grundpfeiler einer siegbringenden Strategie bei einer umweltbedingten Konfrontation ist eine tiefgreifende Einsicht in die Struktur Ihrer Position. Sun Tsu sagte: »Ein überragender Führer, der dem Tao folgt ..., berechnet Entfernung oder Nähe von Gefahren und Behinderungen.« Wenn Sie sich voll Selbstvertrauen überall in Ihrer Umgebung bewegen können, wandeln Sie auf der Straße zum Sieg.

KONFLIKT MIT EINEM ANDEREN Zwischenmenschliche Konfrontationen bringen tiefgreifende Belastungen, aber Sie dürfen Ihren Ängsten nicht nachgeben. In der Tat bedeutet jegliche gefühlsmäßige Reaktion eine Schwäche, die sich Ihrem Erfolg in den Weg stellen kann. Jetzt ist der richtige Zeitpunkt, Ihre analytischen Fähigkeiten einzusetzen, denn sie bilden Ihre verläßlichste Richtschnur in der Entwicklung einer höchst »geladenen« Situation.

Wenn der Zeitpunkt gekommen ist und Sie bereit sind, einen zwischenmenschlichen Konflikt direkt anzugehen, dann sollten Sie ein tiefgehendes Verständnis der Stärken, Schwächen und der zu erwartenden Reaktionen Ihres Gegners haben. Gleichzeitig sollten Sie ein ebensolches Verständnis von sich selbst haben — von Ihrer Entschlossenheit, Ihren Motivationen und Absichten. Den Gegner zu erkennen und sich selbst zu erkennen haben bei Sun Tsu allererste Priorität als wesentliche Voraussetzungen für den Sieg.

Schließlich müssen Sie fähig sein, die relativen Stellungen Ihres Gegners und Ihre eigene genau zu identifizieren. Während einer zwischenmenschlichen Konfrontation kann sich jede der sechs Positionen, die Sun Tsu beschrieben hat, ergeben. Sie sollten wissen, wie Sie sich selbst in jeder dieser Stellungen positionieren müssen, um das Übergewicht auf Ihre Seite zu ziehen. Sun Tsu war überzeugt, daß die Kenntnis des situationsgerechten Stellungbeziehens, die Kenntnis des Gegners und die Selbsterkenntnis zum »vollständigen Sieg« führen.

KONFLIKT UNTER FÜHRUNGSPERSONEN In Zeiten von Konfrontationen zwischen Organisationen sind überlegene Anführer vorrangig um den Schutz ihrer eigenen »Truppe« besorgt. Wenn Sie merken, daß Ihr Team in Bedrängnis gerät, lassen Sie es ohne

Rücksicht auf von oben erteilte Befehle nicht auf eine direkte Konfrontation ankommen. Sun Tsu sagte über hervorragende Anführer: »Vorzurücken, ohne nach Ruhm zu schielen, sich zurückzuziehen, ohne der Schande aus dem Weg zu gehen... ist ein kostbares Gut für eine Organisation.«

Sun Tsu beschrieb die sechs Fehler, die ein Führer begehen kann, wenn sich die Truppe formiert und Strategien zur Entfaltung kommen: Eine Konfrontation mit einem zahlenmäßig überlegenen Gegner führt zur Flucht; schwache Offiziere führen zum Ungehorsam; ein schwaches Heer führt zum Zusammenbruch; aufbegehrende Offiziere führen zur Auflösung, prinzipienlose Offiziere führen zur Unordnung; eine ungerichtete Strategie führt zur Fahnenflucht. Sun Tsu erläuterte: »Diese sechs bilden das Tao der Niederlage. Es zählt zur höchsten Pflicht des Führers, sie sorgsam zu studieren.«

Ein Anführer, der nicht weiß, wie sein Team in jeder nur denkbaren Situation vorteilhaft zu positionieren ist, wird zwangsläufig unterliegen, unabhängig davon, wie stark oder wie groß seine Organisation ist. Konfrontationen zwischen Organisationen spielen sich in jeder der sechs Stellungen ab, zu denen Sun Tsu jeweils die Verhaltensrichtlinien beisteuerte: Greife an, wenn die Position frei ist; greife nicht an, wenn die Position verworren ist; konfrontiere, wenn die Position unentschlossen ist; verfolge nur, wenn eine enge Position unbesetzt ist; besetze oder verlasse eine behinderte Position; greife nicht aus entfernter Position an. Wer das situationsgerechte Stellungbeziehen beherrscht, so Sun Tsu, »bewegt sich ohne Selbsttäuschung und kommt voran, ohne zu ermüden«.

孫子曰:

地形有通者,有挂者,有支者,有隘者,有險者,有遠者。

我可以往,彼可以來,曰通;通形者,先居高陽,利糧道,以戰則利。

可以往,難以返,曰挂;挂形者,敵無備,出而勝之;敵若有備,出而不勝,難以返,不利。

我出而不利,彼出而不利,曰支;支形者,敵雖利我,我無出也;引而去,令敵半出而擊之,利。

隘形者,我先居之,必盈之以待敵;若敵先居之,盈而勿從,不盈而從之。

險形者,我先居之,必居高陽以待敵;若敵先居之,引而去之,勿從也。

遠形者,勢均難以挑戰,戰而不利。

凡此六者,地之道也,將之至任,不可不察也。

172

DIE SECHS STELLUNGEN IM KAMPF

Sun Tsu sagte:

Unter den situationsbedingten Stellungen,
Gibt es die freien,
Die verworrenen,
Die unentschlossenen,
Die engen,
Die behinderten,
Die entfernten.

Frei bedeutet:
Wir können vorrücken, und andere können sich nähern.
In einer freien Position
Hat den Vorteil über den Nachschubweg,
Wer zuerst die Höhen und das Licht einnimmt.
Dann wäre ein Angriff günstig.

Verworren bedeutet: Wir können vorrücken,
Aber nur unter Schwierigkeiten zurückkehren.
In einer verworrenen Position,
Wird siegen, wer sich zuerst bewegt,
Wenn der Gegner unvorbereitet ist.
Wenn der Gegner bereit scheint,
Wird nicht siegen, wer sich zuerst bewegt.
Da es schwierig ist, zurückzukehren, ergibt sich kein Vorteil.

Unentschlossen bedeutet:
Weder wir noch die anderen können sich als erste
Vorteilbringend bewegen.
In einer unentschlossenen Position,
Bewegen wir uns nicht zuerst,
Selbst wenn wir gegenüber dem Gegner im Vorteil sind.
Wir ködern mit einem Rückzug
Und veranlassen den Gegner zu einem teilweisen Rückzug.
Dann wird eine direkte Konfrontation von Vorteil sein.

In einer engen Position
Müssen wir die ersten sein, die sie vollständig besetzen
Und dort auf den Gegner warten.
Verfolge nie, wenn er sie besetzt hält,
Verfolge nur, wenn er sie noch nicht ganz besetzt hat.

In einer behinderten Position
Müssen wir als erste die Höhen und das Licht einnehmen,
Um den Gegner zu erwarten.
Hat der Gegner sie als erste besetzt,
Verfolgen wir niemals; wir ködern mit einem Rückzug.

In einer entfernten Position sind beide Heere gleichwertig.
Weil es hier schwierig ist, einen Angriff zu provozieren,
Wäre ein Angriff nicht von Vorteil.

Im allgemeinen bilden diese sechs das Tao der Situationen.
Es zählt zu den vorrangigsten Pflichten eines Anführers,
Sie zu studieren.

Das Wort *Licht* kommt vom chinesischen Wort *Yang*, wie in Yin und Yang.
Man kann es auch mit »Positiv«, »Sonne« oder »hell« übersetzen.
In der Kunst der Strategie ist damit die vorteilhafte Position mit der
Sonne im Rücken gemeint.

故兵有走者，有弛者，有陷者，有崩者，有亂者，有北者。

凡此六種，非天之災，將之過也。

夫勢均，以一擊十，曰走。

卒強吏弱，曰弛。

吏強卒弱，曰陷。

大吏怒而不服，遇敵懟而自戰，將不知其能，曰崩。

將弱不嚴，教道不明，吏卒無常，陳兵縱橫，曰亂。

將不能料敵，以少合眾，以弱擊強，兵無選鋒，曰北。

凡此六者，敗之道也，將之至任，不可不察也。

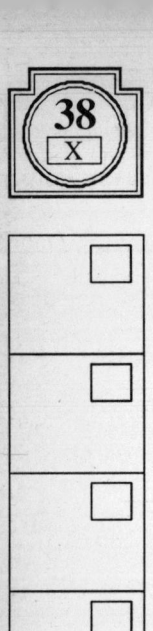

DIE SECHS
STRATEGISCHEN FEHLER

Unter den Strategien
Führen einige zur Flucht,
Führen einige zum Ungehorsam,
Führen einige zum Zusammenbruch,
Führen einige zur Auflösung,
Führen einige zur Unordnung,
Führen einige zur Fahnenflucht.

Im allgemeinen
Sind diese sechs keine Folge von Naturkatastrophen,
Sondern von Fehlern der Anführer.

Flucht bedeutet:
Bei ansonsten gleichwertigen Bedingungen
Konfrontiert man einen zehnmal stärkeren Gegner.

Ungehorsam bedeutet:
Das Heer ist stark, und die Offiziere sind schwach.

Zusammenbruch bedeutet:
Die Offiziere sind stark, und das Heer ist schwach.

Auflösung bedeutet:
Die älteren Offiziere sind zornig und herausfordernd.
Sie treffen haßerfüllt auf ihren Gegner
Und greifen um ihrer selbst willen an, ohne Wissen des Anführers.

Unordnung bedeutet:
Der Anführer ist schwach und undiszipliniert.
Die Philosophie ist nicht vom Tao erleuchtet.
Die Offiziere und das Heer haben keine Grundsätze.
Die Strategie kommt lasch und unlogisch zur Entfaltung.

Fahnenflucht bedeutet:
Der Anführer ist unfähig, den Gegner zu analysieren.
Deshalb greifen die wenigen die vielen an.
Und die Schwachen konfrontieren die Starken.
Die Strategie ist flach und ungerichtet.

Im allgemeinen bilden diese sechs das Tao der Niederlage.
Es zählt zu den vorrangigsten Pflichten des Anführers,
Sie sorgsam zu studieren.

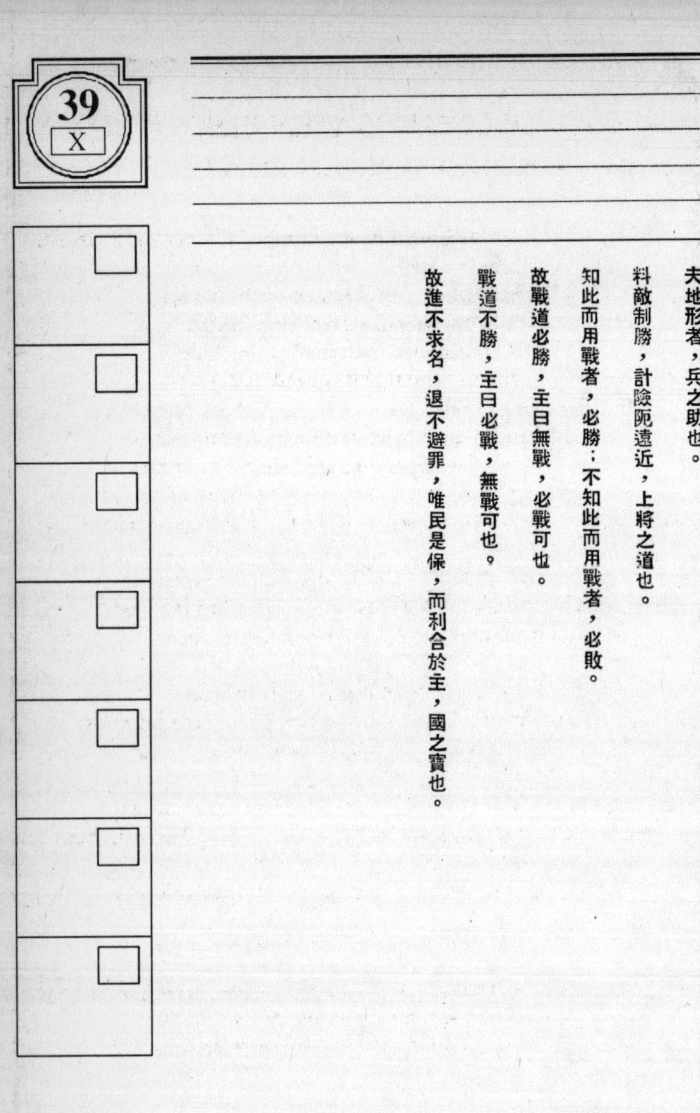

夫地形者，兵之助也。

料敵制勝，計險阨遠近，上將之道也。

知此而用戰者，必勝；不知此而用戰者，必敗。

故戰道必勝，主曰無戰，必戰可也。

戰道不勝，主曰必戰，無戰可也。

故進不求名，退不避罪，唯民是保，而利合於主，國之寶也。

DIE QUALITÄTEN EINES
ÜBERRAGENDEN FÜHRERS

Situationsgerechtes Stellungbeziehen ist eine Hilfe für die Strategie.

Ein überlegener Anführer, der dem Tao folgt,
Analysiert des Gegners Siegesrezept
Und berechnet Entfernung oder Nähe
Von Gefahren und Behinderungen.

Wer sich diese Erkenntnis zunutze macht,
Kann mit der Gewißheit des sicheren Sieges angreifen.
Wer sich diese Erkenntnis nicht zunutze macht,
Kann mit der Gewißheit der sicheren Niederlage angreifen.

Deshalb: Wenn die Absicht den Angriff verbietet,
Doch das Tao des Angriffs auf sicheren Sieg hinweist,
Dann muß der Angriff begonnen werden.

Wenn die Absicht den Angriff erfordert,
Doch das Tao des Angriffs auf sichere Niederlage hinweist,
Dann muß der Angriff unterbleiben.

Deshalb: Vorzurücken, ohne nach Ruhm zu schielen,
Sich zurückzuziehen, ohne der Schande aus dem Weg zu gehen,
Wird dem Volk Sicherheit und der Absicht Vorteil bringen.
Das ist ein kostbares Gut für eine Organisation.

Das Wort *Absicht* stammt von einem Ideogramm, das sich hier,
wie auch im ersten Abschnitt, auf einen Herrscher
oder auf die offizielle Staatspolitik bezieht.

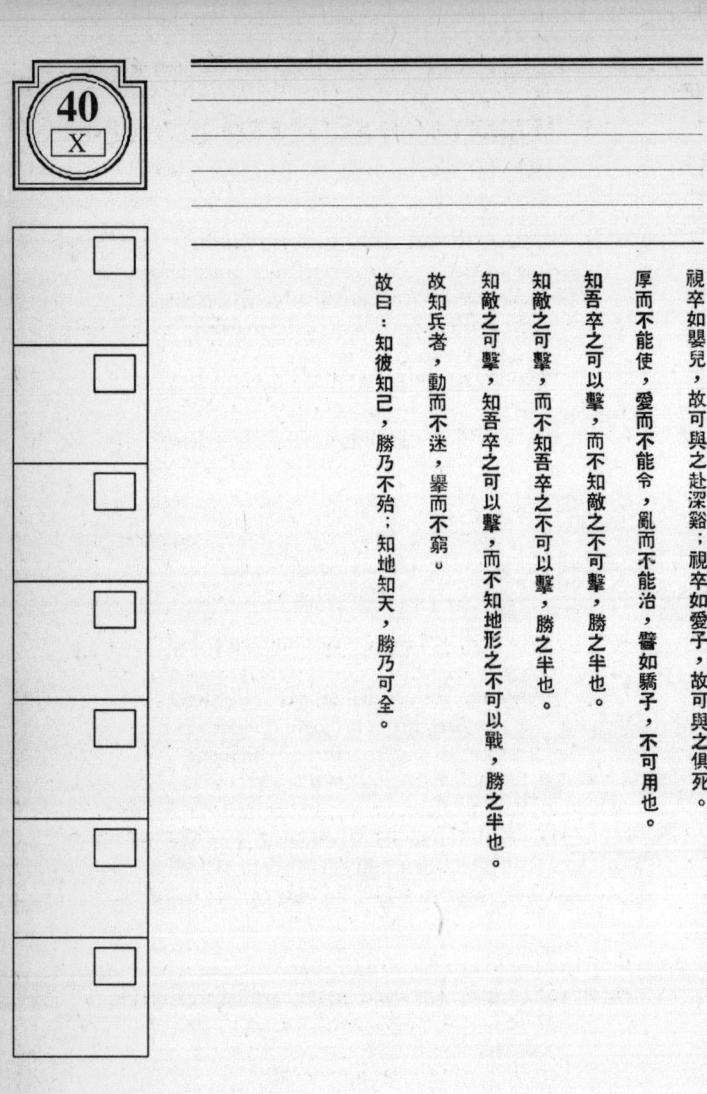

視卒如嬰兒，故可與之赴深谿；視卒如愛子，故可與之俱死。

厚而不能使，愛而不能令，亂而不能治，譬如驕子，不可用也。

知吾卒之可以擊，而不知敵之不可擊，勝之半也。

知敵之可擊，而不知吾卒之不可以擊，勝之半也。

知敵之可擊，知吾卒之可以擊，而不知地形之不可以戰，勝之半也。

故知兵者，動而不迷，舉而不窮。

故曰：知彼知己，勝乃不殆；知地知天，勝乃可全。

DIE BEURTEILUNG DER SITUATION

Betrachte das Team als deine Kinder,
Und sie werden in die tiefsten Täler marschieren.
Betrachte das Team als deine Nachkommen,
Und sie werden die größten Gefahren gemeinsam durchstehen.

Verzärtelte können nicht nützlich werden.
Günstlinge kann man nicht anleiten.
Ungeordnete kann man nicht kontrollieren.
Wie verzogene Kinder kann man sie nicht einsetzen.

Wenn wir wissen, daß unser Team zum Angriff fähig ist,
Wir aber nicht wissen, ob der Gegner verwundbar ist,
Haben wir noch nicht einmal den halben Weg
Zum Sieg zurückgelegt.

Wenn wir wissen, daß der Gegner zum Angriff fähig ist,
Wir aber nicht wissen, ob unser Team verwundbar ist,
Haben wir noch nicht einmal den halben Weg
Zum Sieg zurückgelegt.

Wenn wir wissen, daß der Gegner zum Angriff fähig ist,
Und wenn wir wissen, daß unser Team zum Angriff fähig ist,
Wir aber das situationsgerechte Stellungbeziehen nicht beherrschen,
Dann können wir nicht angreifen,
Weil wir immer noch erst den halben Weg zum Sieg
Zurückgelegt haben.

Wer die Strategie versteht,
Bewegt sich ohne Selbsttäuschung und kommt voran,
Ohne zu ermüden.

Daher das Sprichwort:
»Erkenne den anderen und erkenne dich selbst:
Sieg ohne Schaden.
Erkenne die Natur und die Situation:
Vollständiger Sieg.«

Elftes Kapitel

DIE NEUN SITUATIONEN

(DIE MOBILISIERUNG WÄHREND DER KONFRONTATION)

Bis zu diesem Augenblick waren Sun Tsus Erörterungen in der Kunst der Strategie sowohl Vorbereitung auf als auch Abschreckungsmittel gegen eine offene Konfrontation. Sollte die Konfrontation offen zum Ausbruch kommen, dann sind die neun Situationen Sun Tsus Strategie der Wahl, um das Heer zu mobilisieren. Sun Tsu erläuterte neun klassische Situationen, die das Wesen jeder Konfrontation bestimmen, und beschrieb das jeweils angemessene Vorgehen, dessen sich ein Anführer bedienen kann, um sich gegenüber dem Gegner in Vorteil zu bringen. Während der Mobilisierung hängt alles vom Geschick des Anführers ab: Führer müssen nach Instinkt handeln, denn für Überlegungen ist jetzt keine Zeit mehr; sie müssen sich auf ihre Erfahrung verlassen können, denn auch für Beratung bleibt keine Zeit mehr.

Sun Tsu erläuterte zudem eine allgemeine Strategie, um den Gegner noch weiter in Nachteil zu bringen. Überlegene Anführer versuchen stets, die Einheit ihrer Gegner zu zerstören, indem sie Gelegenheiten zu Zusammenkünften und Absprachen vereiteln. Sun Tsu sagte: »Die Strategie eines überlegenen Anführers besteht im Blockieren einer großen Organisation, damit sie nicht weiter anwachsen kann, und in der Verbreitung von Furcht unter den Gegnern, damit bei ihren Zusammenkünften keine Einheit zustande kommt.«

Durch Ausforschung seiner größten Erwartungen oder Bindungen lokalisieren glänzende Anführer exakt die Schwäche ihres Gegners. »Stelle im vorhinein seine tiefsitzendsten Bindungen fest und packe ihn dort. Er wird nachgeben!« sagte Sun Tsu. »Täusche ein Akzeptieren der Ziele des Gegners vor, und wende dich dann wie ein Mann gegen ihn. Selbst aus tausend Meilen Entfernung kann seine Befehlsgewalt zerstört werden.« Vom ersten bis zum letzten Augenblick wird ein einfallsreicher Anführer seine Strategie mit voller Kraft entfalten, um seinen Gegner einzuschüchtern und alle Beteiligten vor Schaden zu bewahren.

KONFLIKT IM SELBST Wenn Sie Ihren inneren Gegner aktiv und direkt konfrontieren, müssen Sie rasch und entschlossen handeln. Begeben Sie sich in Situationen, die Ihre Wachsamkeit und Aufmerksamkeit wach halten und Ihre Entschlossenheit stärken. Sun Tsu sagte: »Geschwindigkeit führt die Oberherrschaft über die Bedingtheiten der Strategie. Ergreife Chancen beim Schopfe, damit die anderen keine Fortschritte machen. Gehe unerwartete Wege, und greife ungeschützte Orte an.«

»Wenn ein rascher Angriff zum Überleben nötig wird, weil ein hinausgezögerter Angriff die Auslöschung bedeuten würde«, sagte Sun Tsu, »dann ist die Situation verzweifelt.« Weil innere Konfrontation in einem vertrauten und geschlossenen System stattfindet, kann sie eine verzweifelte Situation schaffen. Wenn Ihre Gesundheit oder Ihr Glück gänzlich von einem vollständigen Triumph abhängt, ist die Situation verzweifelt.

Stecken Sie schon mitten im Kampfgetümmel, dann geben Sie sich niemals Selbstzweifeln hin. Die größte Stärke Ihres inneren Gegners ist Ihr Mangel an Glaube an Ihren letztendlichen Sieg. Erlauben Sie sich nicht einmal die Vorstellung von einem Rückzug oder einer Ruhepause vom Kampf. Sun Tsu betonte: »Wer sich in einer verzweifelten Lage befindet, muß vorwärtsdrängen ohne festen Ort.«

KONFLIKT MIT DER UMWELT In einem umweltbedingten Konflikt müssen Sie entschlossen handeln und sicherstellen, daß Ihre Verstärkungen den ihnen zugewiesenen Platz eingenommen haben. Weil der Sieg meist von der Partei errungen wird, die sich den ersten Vorteil sichert, sind umweltbedingte Konfrontationen meist »konkurrierende Situationen«, wie Sun Tsu es nannte. Er sagte: »Wenn es entweder uns oder den anderen überlassen ist, den Vorteil an sich ziehen zu müssen, dann ist die Situation konkurrierend ... In konkurrierenden Situationen übernehmen wir die Führung, indem wir unsere Nachhut antreiben.«

Jede offene Konfrontation mit Ihrer Umwelt muß rasch und ohne Zögern gelöst werden. Eine Umgebung besitzt gewaltige Standfestigkeit und Widerstandskraft, während unsere Energien begrenzt sind. Sorgen Sie deshalb dafür, daß Ihre Strategie unsichtbar bleibt, bis Sie die Zügel frei geben. So werden Sie als erster den Vorteil auf Ihre Seite ziehen können. Sun Tsu sagte: »Beachte die

Regel und komme deinem Widersacher entgegen, während du gleichzeitig auf die entscheidende Herausforderung hinarbeitest.«

Nach Beginn einer Konfrontation müssen Sie ohne Pause vorwärtsmarschieren, bis der Konflikt beigelegt ist. Wenn Sie Ihre Umgebung nicht umstrukturieren können, wird es nötig sein, sich von ihr sofort zu befreien. Erinnern Sie sich daran: Das Ziel einer umweltbedingten Konfrontation ist eine Neupositionierung in Ihrer Welt, um persönliche Erfüllung zu finden.

KONFLIKT MIT EINEM ANDEREN Um sich in einem zwischenmenschlichen Konflikt den Vorteil zu sichern, ist es für Sie wichtig, die tiefgehendsten Wünsche oder Bindungen Ihres Gegners schon vorher genau zu lokalisieren. Hier liegt die Verwundbarkeit Ihres Gegners. Werden diese verwundbaren Stellen mit Erfolg bedroht, wird Ihr Gegner zur Aufgabe gezwungen sein.

Versuchen Sie jedoch nicht, Ihren Gegner durch Preisgabe Ihrer Angriffspläne einzuschüchtern. Sun Tsu war überzeugt, daß die Ausführung einer entschlossenen Strategie, die von anderen weder eingeschätzt noch vorausgesehen werden kann, weit einschüchternder wirkt.  Von solch klugen Strategen sagte er: »Sie ändern die Arbeit und passen ihre Absichten an, damit andere nichts erkennen können; sie ändern die Position und gehen neue Wege, damit andere keine Berechnungen anstellen können.«

Bei einer Konfrontation mit einer anderen Person kann sich irgendeine der neun Situationen, die Sun Tsu beschrieb, ergeben. Welche Situation auch immer eintritt, Sie müssen präzise reagieren, bis die Konfrontation beendet ist. Lauern Sie wachsam auf die erste Gelegenheit, den Vorteil an sich zu ziehen. »Dann«, sagte Sun Tsu, »handeln Sie blitzartig, damit der Gegner nicht widerstehen kann.«

KONFLIKT UNTER FÜHRUNGSPERSONEN Wenn ein Führer eine Organisation in direkte, offene Konfrontation mit einer rivalisierenden Organisation bringt, ist das eine Situation mit gravierenden Konsequenzen. Da das Schicksal so vieler von ihrem Ausgang abhängt, muß ein Anführer außergewöhnliches Geschick besitzen und herausragendes strategisches Verständnis beweisen. Gelingt ihm das nicht, kann eine Konfrontation katastrophale Folgen haben.

Während einer Konfrontation versuchen überlegene Anführer, den Gegner auseinanderzureißen und ihre Einheiten voneinander zu trennen. Sun Tsu sagte: »Wer von den Alten als geschickt in der Entfaltung von Strategie bezeichnet wurde, verhinderte, daß Vorhut und Nachhut des Gegners einander erreichen, daß deren Zahlreiche sich auf die Wenigen verlassen, daß deren Erfahrene und Unerfahrene einander zu Hilfe eilen, daß deren Überlegene und Unterlegene einander schützen können.«

Gleichzeitig bemühen sich geschickte Anführer um die Bewahrung absoluter Einheit in ihrer eigenen Organisation. Sie wissen, daß der Schlüssel zum Sieg in der Geschlossenheit ihres Teams liegt: wenn die Operation fehlschlägt, dann deshalb, weil es an Geschlossenheit und Teamgeist fehlt. Sie sorgen deshalb für die Einigkeit der Organisation, indem sie sich über bürokratische Regeln hinwegsetzen und ihre Mitglieder großzügig belohnen.

孫子曰：用兵之法，有散地，有輕地，有爭地，有交地，有衢地，有重地，有圮地，有圍地，有死地。

諸侯自戰其地，為散地。入人之地，而不深者，為輕地：我得則利，彼得亦利者，為爭地：我可以往，彼可以來者，為交地：諸侯之地三屬，先至而得天下之眾者，為衢地：入人之地深，背城邑多者，為重地：行山林、險阻、沮澤，凡難行之道者，為圮地：所由入者隘，所從歸者迂，彼寡可以擊吾之眾者，為圍地：疾戰則存，不疾戰則亡者，為死地。

是故散地則無以戰，輕地則無止，爭地則無攻，交地則無絕，衢地則合交，重地則掠，圮地則行，圍地則謀，死地則戰。

所謂古之善用兵者，能使敵人前後不相及，眾寡不相恃，貴賤不相救，上下不相扶。

卒離而不集，兵合而不齊。合於利而動，不合於利而止。

敢問：敵眾整而將來，待之若何？曰：先奪其所愛，則聽矣。

兵之情主速，乘人之不及，由不虞之道，攻其所不戒也。

SITUATIONSGERECHTES REAGIEREN

Sun Tsu sagte: Bei der Ausführung einer Kunstvollen Strategie
Gibt es folgende Situationen:
Stagnierend, einfach, konkurrierend, verhandelbar, sich kreuzend,
Ernst, behindert, eingeschlossen, verzweifelt.

Wenn uns andere Anführer von ihrem eigenen Gebiet aus
Herausfordern,
Ist die Situation stagnierend.
Wenn sich andere nähern,
Aber unser Gebiet noch nicht betreten haben,
Ist die Situation einfach.
Wenn es entweder uns oder den anderen überlassen ist,
den Vorteil an sich ziehen zu müssen,
Ist die Situation konkurrierend.
Wenn wir vorrücken und andere näher rücken können,
Ist die Situation verhandelbar.
Wenn der erste, der die Lehnsgebiete erreicht,
Auf das gesamte System und die Volksscharen einwirken kann,
Ist die Situation sich kreuzend.
Wenn sich andere nähern und mit
Zahlreichen Verstärkungen im Rücken in unser Gebiet eindringen,
Ist die Situation ernst.
Wenn der Weg durch Berge, Wälder, Pässe oder Sümpfe führt,
Wo das Vorwärtskommen im allgemeinen schwierig ist,
Dann ist die Situation behindert.
Wenn der Zugang zu einer Örtlichkeit eng ist,
Wenn die Rückkehr im Kreise verläuft,
Und eine kleine Zahl der anderen
Es mit unseren zahlreicheren Scharen aufnehmen kann,
Ist die Situation eingeschlossen.
Wenn nur ein rascher Angriff das Überleben sichert,
Weil ein hinausgezögerter Angriff die Vernichtung bedeuten würde,
Ist die Situation verzweifelt.

Deshalb: In einer stagnierenden Situation, fordere nicht heraus;
In einer einfachen Situation, ruhe nicht aus;
In einer konkurrierenden Situation, greife nicht an;
In einer verhandelbaren Situation, lasse nicht ab;
In einer sich kreuzenden Situation, versammle dich und verhandle;
In einer ernsten Situation, packe zu;
In einer behinderten Situation, bewege dich;
In einer eingeschlossenen Situation, bediene dich einer List;
In einer verzweifelten Situation, fordere heraus.

Wer von den Alten als geschickt
In der Entfaltung von Strategie bezeichnet wurde,
Verhindert,
Daß Vorhut und Nachhut des Gegners einander erreichen,
Daß seine Zahlreichen sich auf die wenigen verlassen,
Daß seine Erfahrenen und Unerfahrenen einander zur Hilfe eilen,
Daß seine Überlegenen und Unterlegenen
Einander schützen können.

Ein Team, das versprengt ist, kann sich nicht sammeln,
Und seine einheitliche Strategie kann sich nicht entfalten.
Mit Einheit ist es von Vorteil, sich zu bewegen;
Ohne Einheit ist es von Vorteil, stehenzubleiben.

Erlaubt sei die Frage: »Was ist, wenn sich der gegnerische Anführer
Mit seinen Heerscharen nähert — vollzählig und kampfbereit?«
Ich sage: »Lokalisiere schon vorher seine tiefsitzendsten Bindungen
Und packe ihn dort. Er wird nachgeben!«

Geschwindigkeit führt die Oberherrschaft
Über die Bedingtheiten der Strategie.
Ergreife Chancen beim Schopfe,
Damit die anderen keine Fortschritte machen.
Gehe unerwartete Wege und greife ungeschützte Orte an.

凡爲客之道，深入則專，主人不克，掠於饒野，三軍足食，謹養而勿勞，併氣積力，運兵計謀，爲不可測。投之無所往，死且不北。

死焉不得，士人盡力？兵士甚陷則不懼，無所往則固，深入則拘，不得已則鬥。是故其兵不修而戒，不求而得，不約而親，不令而信。

禁祥去疑，至死無所之。吾士無餘財，非惡貨也；無餘命，非惡壽也。令發之日，士卒坐者涕沾襟，偃臥者涕交頤，投之無所往者，諸劌之勇也。

故善用兵，譬如率然。率然者，常山之蛇也。擊其首，則尾至，擊其尾，則首至，擊其中，則首尾俱至。敢問：兵可使如率然乎？曰：可。夫吳人與越人相惡也，當其同舟而濟遇風，其相救也，如左右手。

是故方馬埋輪，未足恃也；齊勇若一，政之道也；剛柔皆得，地之理也。故善用兵者，攜手若使一人，不得已也。

將軍之事，靜以幽，正以治：能愚士卒之耳目，使之無知。易其事，革其謀，使人無識；易其居，迂其途，使人不得慮。

帥與之期，如登高而去其梯；帥與之深入諸侯之地，而發其機。焚舟破釜，若驅群羊，驅而往，驅而來，莫知所之。聚三軍之眾，投之於險，此謂將軍之事也。

DER KORPSGEIST

Im allgemeinen ist es das Tao der Abenteurer,
Sich beim Annähern und Eindringen zu konzentrieren,
Damit die Absicht gewahrt bleibt;
Im fruchtbaren Land zu plündern,
Damit das gesamte Heer gut versorgt ist;
Sorgsam auszubilden, um Ängste zu zerstreuen,
Damit die Kraft des Geistes zusammenfließt und wächst;
Ihre Strategie ausgeklügelter Pläne stets zu ändern,
Damit ihre Aktionen unberechenbar bleiben;
Keinen Ort einzunehmen und stets vorwärts zu drängen,
Damit sie ohne Fahnenflüchtige der Gefahr begegnen.

Warum geraten sie selbst nicht in Gefahr,
Wenn sie ihre Kräfte erschöpfen, um das andere Korps zu überholen?
Sie verlieren ihre Furcht, wenn es die Strategie der anderen ist,
Ihnen Schaden zuzufügen.
Ihre Entschlossenheit wächst nur,
Wenn sie ohne festen Standort vorwärts gedrängt werden.
Ihre Kontrolle wächst, wenn sie tief eindringen müssen.
Sie werden kämpfen, wenn Stillstehen keinen Gewinn bringt.
Deshalb ist ihre Strategie:
Schutz ohne Vorbedacht;
Verwirklichung, ohne zu fragen;
Verpflichtung ohne Verträge;
Vertrauen ohne Befehle.

Verbiete Orakel und werfe Zweifel über Bord,
Damit für Verzweiflung kein Raum ist.
Nicht, weil sie Reichtümer verachten,
Stehen unsere Truppen ohne übermäßige Mittel da.
Nicht, weil sie Langlebigkeit verachten,
führen sie kein übermäßig langes Leben.
Am Tag, an dem unsere Truppe den Befehl zum Abmarsch erhält,
Werden die Kragen der Sitzenden feucht vor Tränen;
Werden die Backen der Liegenden feucht vor Tränen.
Aber wer vorwärts marschiert ohne Ort,
wird den Mut von Tschu und Kuei haben.

Deshalb: Wer geschickt in der Ausführung der Strategie ist,
gleicht der Schlange Shuai Jan der Ch'ang-Berge.
Greife am Kopf an: ihr Schwanz wird zustoßen.
Greife ihren Schwanz an: ihr Kopf wird zustoßen.
Greife sie in der Mitte an: Schwanz und Kopf werden zustoßen.
Erlaubt sei die Frage: »Kann sich eine Strategie
wie die Shuai Jan verhalten?«
Ich sage: »Sie kann.
Die Männer von Wu und die Männer von Yueh sind Rivalen,
Doch segelten sie in einem Schiff,
Das in einen Sturm gerät, würden sie einander beistehen,
Wie die rechte Hand der linken beisteht.«

Deshalb genügt es nicht,
Sich auf gezähmte Pferde und wartende Räder zu verlassen.
Im Tao der Politik erwächst Mut durch das Handeln aus Einheit.
Im Management der Situationen müssen
Sowohl die Schwachen als auch die Starken erfolgreich sein.
Deshalb führt, wer geschickt in der Entfaltung der Strategie ist,
Die Geeinten gleichsam an der Hand,
Bis es nichts mehr zu gewinnen gibt.

Die Arbeit der Anführer des Heeres
Besteht in der Geheimhaltung durch Schweigen
Und in der Machtausübung durch Geradlinigkeit.
Sie sind fähig, Augen und Ohren der Organisation
Uninformiert und unwissend zu halten;

Sie ändern die Arbeit und passen ihre Absichten an,
Damit andere nichts erkennen können;
Sie ändern die Position und gehen neue Wege,
Damit andere keine Berechnungen anstellen können.

Wenn der Befehl zum Losschlagen kommt,
Dann ist das, wie wenn man beim Erklettern einer Leiter
Den Halt verliert.
Wenn der Befehl zum Eindringen kommt,
Dann begibt sich der Anführer zum Schauplatz
Und schnellt den Pfeil vom Bogen.
Verbrenne das Boot, zerbrich den Kessel, dränge hier und dort,
Wie beim Schafehüten,
Und niemand wird das Ziel erkennen.
Das gesamte Heer und alle seine Scharen versammeln,
Und gewaltig vorwärts zu stürmen —
Das ist die Arbeit der Anführer des Heeres.

Den Namen der chinesischen Schlange *Shuai Jan* kann man auch wörtlich
mit »spontan reaktionsbereit« übersetzen.

Tschuan Tschu und Ts'ao Kuei waren Kriegshelden aus der Zeit der
Streitenden Reiche.

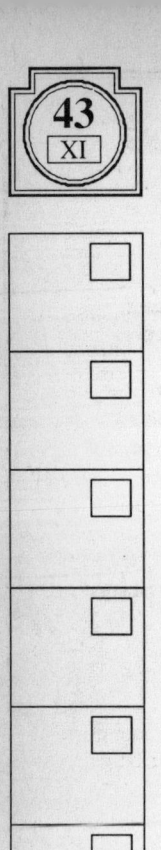

九地之變，屈伸之利，人情之理，不可不察也。

凡爲客之道，深則專，淺則散。去國越境而師者，絕地也；四達者，衢地也；入深者，重地也；入淺者，輕地也；背固前隘者，圍地也；無所往者，死地也。

是故散地吾將一其志；輕地吾將使之屬；爭地吾將趨其後；交地吾將謹其守；衢地吾將固其結；重地吾將繼其食；圮地吾將進其塗；圍地吾將塞其闕；死地吾將示之以不活。

故兵之情，圍則禦，不得已則鬥，過則從。

是故不知諸侯之謀者，不能預交；不知山林險阻沮澤之形者，**不能行軍**；不用鄉導者，不能得地利。

DER WEG DES ABENTEURERS

Die neun Situationen und Varianten
Erweitern und wandeln die Vorteile
Und steuern die Bedingungen von anderen.
Ihr Studium darf nicht vernachlässigt werden.

Im allgemeinen ist das Tao des Abenteurers
Einzudringen, als Folge von Konzentration,
Und oberflächlich zu sein, als Folge von Stagnation.
Wer sich in isolierter Lage befindet,
Muß die Grenzen der Organisation überschreiten
In Richtung Gegner.
Wer sich in kreuzender Lage befindet,
Muß nach allen Seiten kommunizieren.
Wer sich in ernster Lage befindet,
Muß tief eindringen.
Wer sich in einfacher Lage befindet,
muß oberflächlich eindringen.
Wer sich in eingeschlossener Lage befindet,
Muß den Ausgang verteidigen und die Vorhut zusammenrücken.
Wer sich in verzweifelter Lage befindet,
Muß vorwärts drängen ohne Ort.

Deshalb führen wir in stagnierenden Situationen,
Indem wir uns als Einheit bewegen.
In einfachen Situationen führen wir,
Indem wir uns unsere Lehnsgebiete zunutze machen.
In konkurrierenden Situationen führen wir,
Indem wir unsere Nachhut zur Eile antreiben.
In verhandelbaren Situationen führen wir,
Indem wir auf unsere Verteidigung achten.
In sich kreuzenden Situationen führen wir,
Indem wir unsere Verbindungen festigen.
In ernsten Situationen führen wir,
Indem wir den steten Fluß der Versorgungsgüter aufrechterhalten.
In behinderten Situationen führen wir,
Indem wir auf unserem Weg vorrücken.
In eingeschlossenen Situationen führen wir,
Indem wir alle Ausgänge blockieren.
In verzweifelten Situationen führen wir,
Indem wir allen bekanntmachen,
Daß wir möglicherweise nicht überleben.

Denn unter den Bedingungen der Strategie
Wird Widerstand leisten, wer eingeschlossen ist;
Wird kämpfen, wer weder Gewinn ernten noch stillstehen kann;
Wird gehorchen, wer seine Grenzen überschritten hat.

Deshalb: Wer die Pläne anderer Führer nicht kennt,
Wird nicht zu Verhandlungen bereit sein.
Wer die Position der Berge, Wälder, Pässe und Sümpfe nicht kennt,
Wird nicht fähig sein, die Armee zu bewegen.
Wer sich nicht ortskundiger Führer bedient,
Wird nicht fähig sein, in der Situation den Vorteil an sich zu ziehen.

四五者，不知一，非霸王之兵也。

夫霸王之兵，伐大國，則其衆不得聚；威加於敵，則其交不得合。

是故不爭天下之交，不養天下之權，信己之私，威加於敵，故其城可拔，其國可隳。

施無法之賞，懸無政之令，犯三軍之衆，若使一人。

犯之以事，勿告以言；犯之以利，勿告以害。

投之亡地然後存，陷之死地然後生。夫衆陷於害，然後能為勝敗。

故為兵之勢，在於順佯敵之意，并敵一向，千里殺將，此謂巧能成事者也。

是故政舉之日，夷關折符，無通其使。厲於廊廟之上，以誅其事。

敵人開闔，必亟入之。先其所愛，微與之期；踐墨隨敵，以決戰事。

是故始如處女，敵人開戶；後如脫兔，敵不及拒。

DIE STRATEGIE
DES ÜBERRAGENDEN FÜHRERS

Wer nicht jede einzelne dieser neun kennt,
kann nicht strategisch vorgehen wie ein überlegener Anführer.

Die Strategie überlegener Anführer
Besteht im Blockieren einer großen Organisation,
Damit ihre Zahl nicht anwachsen kann;
Und in der Verbreitung von Furcht unter ihren Gegnern,
Damit bei ihren Zusammenkünften
Keine Einheit zustande kommt.

Deshalb ist es nicht ihre Absicht,
Mit dem gesamten System zu konkurrieren.
Sie suchen nicht Autorität über das gesamte System.
Sie vertrauen sich selbst, um ihren Gegnern Furcht einzuflößen.
Auf diese Weise zerstören sie Befestigungen
Und besiegen Organisationen.

Teile Belohnungen aus ohne Rücksicht auf Grundsätze.
Erteile Befehle ohne Rücksicht auf die Politik.
Führe das gesamte Heer und seine Scharen wie eine Einheit.
Führe sie, um die Arbeit zu tun —
Sprich aber nie darüber.
Führe sie, um die Vorteile auf deine Seite zu ziehen —
Sprich aber nie über die Nachteile.

Wenn sie in eine verderbenbringende Situation geraten,
Werden sie überleben.
Wenn sie in einer verzweifelten Situation gefangen sind,
Werden sie leben.
Denn wenn die Zahlreichen in ungünstiger Lage gefangen sind,
Werden sie fähig, über die Niederlage zu triumphieren.

Um eine Strategie zum Tragen zu bringen,
Täusche deshalb stets ein Akzeptieren der Ziele des Gegners vor
Und wende dich dann gegen ihn wie ein Mann.
Selbst aus tausend Meilen Entfernung
Kann die gegnerische Befehlsgewalt zerstört werden.
Das ist es, was man unter der Arbeit,
Die Einfallsreichtum entwickeln kann, versteht.

Am Tage des Beginns der Unternehmung
Verschließe dich nach außen und räume die Pässe;
Sende keine Nachrichten per Boten;
Ermuntere alle im Hauptquartier, die Arbeit zu tun.

Wenn der Gegner einen Durchlaß öffnet, dringe rasch ein.
Lokalisiere im vorhinein seine tiefsitzendsten Bindungen,
Und verleite ihn dann zu bestimmten Erwartungen.
Folge den Regeln und passe dich dem Gegner an,
Während du gleichzeitig
Auf den entscheidenden Schlag hinarbeitest.

Erwecke deshalb so lange den Eindruck von Harmlosigkeit,
Bis der Gegner das Tor öffnet.
Dann handle blitzartig, damit der Gegner nicht widerstehen kann.

Das Wort *neun* ergibt sich aus den ersten beiden Ideogrammen dieses
Abschnitts, die mit »vier« und »fünf« übersetzt werden können.

Zwölftes Kapitel

DER FEURIGE ANGRIFF

(DER ENTSCHEIDENDE SCHLAG)

Sun Tsu war überzeugt, daß eine offene Konfrontation zwangsläufig zerstörerisch wirkt und nur als letzte taktische Möglichkeit ins Auge gefaßt werden darf. *Die Kunst der Strategie* wurde
als Anleitung geschrieben, Ziele durch strategisches Manövrieren
erreichen zu können und den offenen Kampf zu vermeiden. Sicherlich kann es während eines Konfliktes zu einer direkten Konfrontation kommen, aber in einer ausgeklügelten Strategie hat sie
eigentlich keinen Platz. Sun Tsu sagte: »Eine leidenschaftliche Absicht ist kein Grund, in Gegnerschaft zu treten. Der Zorn eines
Anführers ist kein Grund, eine Herausforderung zu beginnen...
Das Leidenschaftliche kann sich ins Freudvolle zurückverwandeln. Zorn kann sich in Genugtuung zurückverwandeln. Aber
eine ausgelöschte Organisation kann nicht zum Leben wiederer-
weckt werden. Ebenso wie die Getöteten nicht mehr ins Leben zurückgerufen werden können.«

Sollte dennoch eine offene Konfrontation ausbrechen, dann sei
es gleichermaßen lebensnotwendig wie human — darauf bestand
Sun Tsu —, sie so rasch wie möglich zu beenden. Der »feurige Angriff« ist Sun Tsus Strategie, um den entscheidenden Schlag zu führen — ein Manöver, das den Gegner überwältigen und den Konflikt rasch beenden soll. Er beschrieb fünf Wege, um diese entscheidende Lage herbeizuführen, und nannte die Manöver »Feuer
im Team«, »Feuer in der Versorgung«, »Feuer in Transport- oder
Nachrichtenwesen«, »Feuer im Schatzamt« und »Feuer in der Vorgehensweise«. Er erläuterte: »Wer herausfordert, um zu siegen,
und wer angreift, um die Herrschaft zu übernehmen, und dennoch
diese Wirkungen nicht studiert, dem bleibt das unglückselige
Geschick nicht erspart, das man ›kostspielige Verzögerung‹
nennt.«

KONFLIKT IM SELBST Ein Konflikt mit einem inneren Gegner
bedeutet recht häufig das Aufeinandertreffen gleichwertiger Gegner. Deshalb führt sorgfältiges Stellungbeziehen und taktisches
Manövrieren möglicherweise nicht zu einem Sieg von Dauer. Sun
Tsu bediente sich des Bildes vom Wasser, um diese subtilen Strategien zu beschreiben. Er sagte: »Derjenige, dessen Angriff durch

Wasser gestützt wird, muß stark sein, denn Wasser kann isolieren, aber nicht überwinden.«

Wenn Sie Ihren inneren Gegner noch nicht ausmanövriert haben, dann bringen Sie Ihren Kampf ans Licht des Tages, um den entscheidenden Schlag führen. Sun Tsu: »Wenn Feuer außen entfacht werden kann, warte nicht auf den Zeitpunkt, um es innen zu entfachen.« Unterstützung von außen — von erfahrenen Menschen oder speziellen Organisationen — wird Ihnen helfen, das »Feuer« zu entfachen, um Ihren inneren Gegner überwältigen zu können.

Konzentrieren Sie sich nun auf ein rasches Vorgehen, und ziehen Sie die Konfrontation nicht unnötig in die Länge. Verzögerungen während einer direkten Konfrontation werden Ihre Kräfte auszehren und Ihre Entschlossenheit untergraben. Holen Sie sich Hilfe von außen, und sorgen Sie dafür, daß jede Ihrer Handlungen Gewicht bekommt.

KONFLIKT MIT DER UMWELT Für eine Einzelperson kann eine direkte Konfrontation mit ihrer Umgebung sehr riskant sein. Die Lösung eines umweltbedingten Konflikts durch offene Konfrontation kommt einer Revolution gleich, weil sie auf Ultimaten und nicht auf Verhandlungen basiert. Das Timing eines solchen Aufeinandertreffens muß perfekt sein, gleichzeitig muß Ihre Strategie zu Ihrem Selbstschutz ein alternatives Ziel in einer neuen Umgebung ins Auge fassen.

Sollte in Ihrer Umgebung ein offener Konflikt ausbrechen, müssen Sie sich rasch bewegen. Um in Ihrer Umgebung eine sinnvolle, dauerhafte Absicht zu verwirklichen, müssen Sie Ihrem System umfassende Veränderungen aufzwingen; sie müssen rasch hintereinander und als direkter Ausdruck Ihrer Strategie erfolgen. Das ist es, was Sun Tsu unter dem »Entfachen eines Feuers« versteht. Haben Sie Ihrer Strategie die Zügel schießen lassen und in Ihrer Umgebung das Feuer entfacht, bleiben Sie wachsam gegenüber möglicherweise notwendig werdenden Änderungen Ihrer Absichten. Sun Tsu sagte: »Hat sich das Feuer erschöpft, so verfolge, wenn sich die Gelegenheit bietet; bleib stehen, wenn nicht.«

Wenn Sie die von Ihnen gewünschten Veränderungen nicht in Ihrer Umgebung verwirklichen können, müssen Sie entschlossen einen Ortswechsel ins Auge fassen, in eine neue Umgebung, in der Sie finden, was zu Ihrer Entfaltung und zu Ihrem Glück noch fehlt.

KONFLIKT MIT EINEM ANDEREN Wenn Sie plötzlich in eine offene Konfrontation verwickelt werden, dann hat Ihre Strategie des taktischen Stellungbeziehens und der objektiven, inneren Distanz versagt, und es ist Ihnen nicht gelungen, Ihre Beziehung neu zu strukturieren oder hinter sich zu lassen. Das kann geschehen, wenn Sie und Ihr Gegner gleich stark sind, Ihre Ansichten und Standpunkte aber in völligem Gegensatz zueinander stehen.

Eine direkte Konfrontation mit einem anderen ist eine Begegnung von großer Intensität. Normalerweise kommen offene Konfrontationen zu einem raschen Ende, weil man sie nicht lange führen kann. Deshalb können Sie eine direkte Konfrontation nur durch entschiedenes und endgültiges Handeln erfolgreich bestehen. Ergreifen Sie die Initiative, und entfachen Sie das Feuer, das über den Ausgang entscheiden wird.

Wählen Sie ein Gebiet, auf dem Ihr Gegner verwundbar ist, um den letzten Kampf herbeizuzwingen — den »feurigen Angriff«. Entfachen Sie die Situation, um die Energie und Aufmerksamkeit Ihres Gegners zu binden. Greifen Sie dann die Beziehung in ihrer Ganzheit an, um sie zu beenden. Sun Tsu lehrte: »Wenn das Feuer innen ausbricht, reagiere sofort von außen.« Seien Sie jedoch auf der Hut. Handeln Sie nicht, wenn Ihr Gegner nicht reagiert, denn möglicherweise ist es Ihnen noch nicht gelungen, den entscheidenden Schlag anzubringen. Sun Tsu betonte: »Wenn das Feuer ausbricht und die Strategie ›Stille‹ heißt, halte dich zurück, und greife nicht an.«

KONFLIKT UNTER FÜHRUNGSPERSONEN Oberster Überlebensgrundsatz ist, daß das »gesamte System« bewahrt werden muß. Da eine offene Konfrontation dieses System in Gefahr bringt, verlangte Sun Tsu von der Führung besondere Umsicht und Klugheit. Stehen die Rivalen einander Auge in Auge gegenüber, sprach er die Warnung aus: »Bewege dich nicht, es sei denn, es ist von Vorteil. Entfalte nicht, es sei denn, es ist wirksam. Fordere nicht heraus, es sei denn, die Lage ist gefährlich und reif zu Entscheidung.«

Wenn eine offene Konfrontation zwischen Organisationen ausbricht, dann besteht die wichtigste taktische Verantwortung des Anführers darin, den entscheidenden Schlag so rasch wie möglich zu führen — den Rivalen mit einer präventiven Zurschaustellung von Stärke und zahlenmäßiger Überlegenheit zu überwältigen. Sun Tsu glaubte, daß die Fähigkeit, die Konfrontation zu einem raschen Abschluß zu bringen, das Charakteristikum eines aufgeklärten und menschlichen Anführers sei. Ohne entschiedenes Handeln wird der Kampf verlängert — eine Situation, die Sun Tsu »kostspielige Verzögerung« nannte.

Eine direkte Konfrontation sollte immer das letzte Mittel der Wahl bleiben: Sie verdient eigentlich nur als das Versagen einer Verhandlungsstrategie angesehen zu werden. Der »feurige Angriff« ist Sun Tsus Hilfestellung, um ein zerstörerisches Aufeinandertreffen rasch und zu den eigenen Gunsten zu beenden. Um einen feurigen Angriff zu führen, entfacht ein überlegener Anführer eine Krise im Nachschub- und Versorgungssystem des Rivalen. Das lenkt den Gegner ab, was seinerseits die Chance bringt, zu siegen.

孫子曰：

凡火攻有五：一曰火人，二曰火積，三曰火輜，四曰火庫，五曰火隊。

行火必有因，烟火必素具。

發火有時，起火有日。

時者，天之燥也；日者，宿在箕、壁、翼、軫也。

凡此四宿者，風起之日也。

DIE FÜNF FEURIGEN ANGRIFFSARTEN

Sun Tsu sagte:

Im allgemeinen gibt es fünf heftige Angriffsarten:
Erstens: Feuer im Team.
Zweitens: Feuer in der Versorgung.
Drittens: Feuer im Transportwesen.
Viertens: Feuer im Schatzamt.
Fünftens: Feuer in der Vorgehensweise.

Ein bewegliches Feuer wird den Weg weisen;
Ein Signalfeuer wird die Vorbereitungen deutlich machen.

Es gibt Jahreszeiten, um Feuer zu entfachen;
Es gibt Tage, um Feuer zu entfachen.
Die Jahreszeit ist, wenn trockenes Wetter herrscht;
Die Tage hängen von den Sternbildern
Sieb, Mauer, Flügel und Streitwagen ab.
Im allgemeinen markieren diese vier Sternbilder
Die Tage des auffrischenden Winds.

»Die Tage des auffrischenden Winds« folgen jenen Nächten, in denen
der Mond die Sternbilder Schütze (Sieb), Pegasus (Mauer), Craterus
(Flügel) oder Corvus (Streitwagen [Plattform]) durchläuft.
Das sind vier der achtundzwanzig Sternbilder, die in der
chinesischen Astronomie den Nachthimmel unter sich aufteilten.
Der Mond braucht ungefähr achtundzwanzig Tage bzw. einen Mondmonat,
um alle zu durchlaufen.

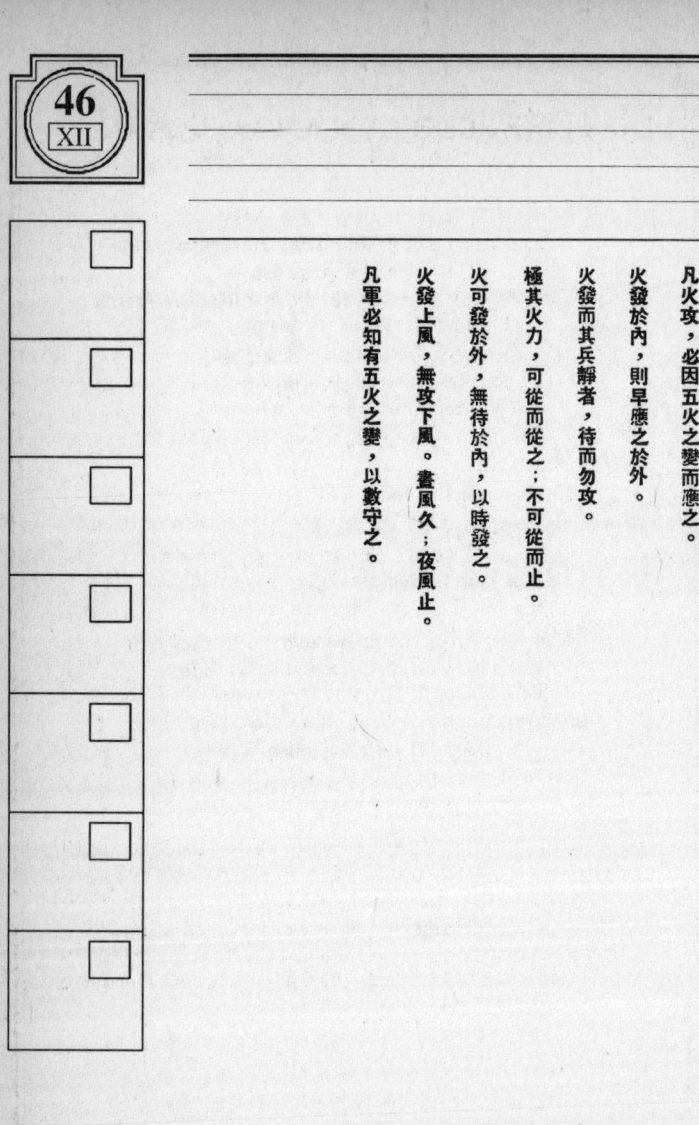

凡火攻，必因五火之變而應之。

火發於內，則早應之於外。

火發而其兵靜者，待而勿攻。

極其火力，可從而從之；不可從而止。

火可發於外，無待於內，以時發之。

火發上風，無攻下風。晝風久；夜風止。

凡軍必知有五火之變，以數守之。

DIE FÜNF FEURIGEN VARIANTEN

Im allgemeinen gibt es bei einem feurigen Angriff
Fünf feurige Varianten,
An die man sich halten und auf die man reagieren muß.

Wenn das Feuer innen ausbricht,
Reagiere sofort von außen.

Wenn das Feuer ausbricht und die Strategie Stille ist,
Halte dich zurück und greife nicht an.

Hat sich das Feuer erschöpft,
So verfolge, wenn sich die Gelegenheit bietet;
Bleib stehen, wenn nicht.

Wenn ein Feuer außen entfacht werden kann,
Warte nicht, um es innen zu entfachen.

Wenn ein Feuer windwärts beginnt,
Greife nicht mit dem Wind an.
Während des Tages mag der Wind noch wehen.
Nachts hört er vielleicht auf.

Das Heer muß die fünf feurigen Varianten begreifen,
Um den Zustand seiner eigenen Verteidigung analysieren zu können.

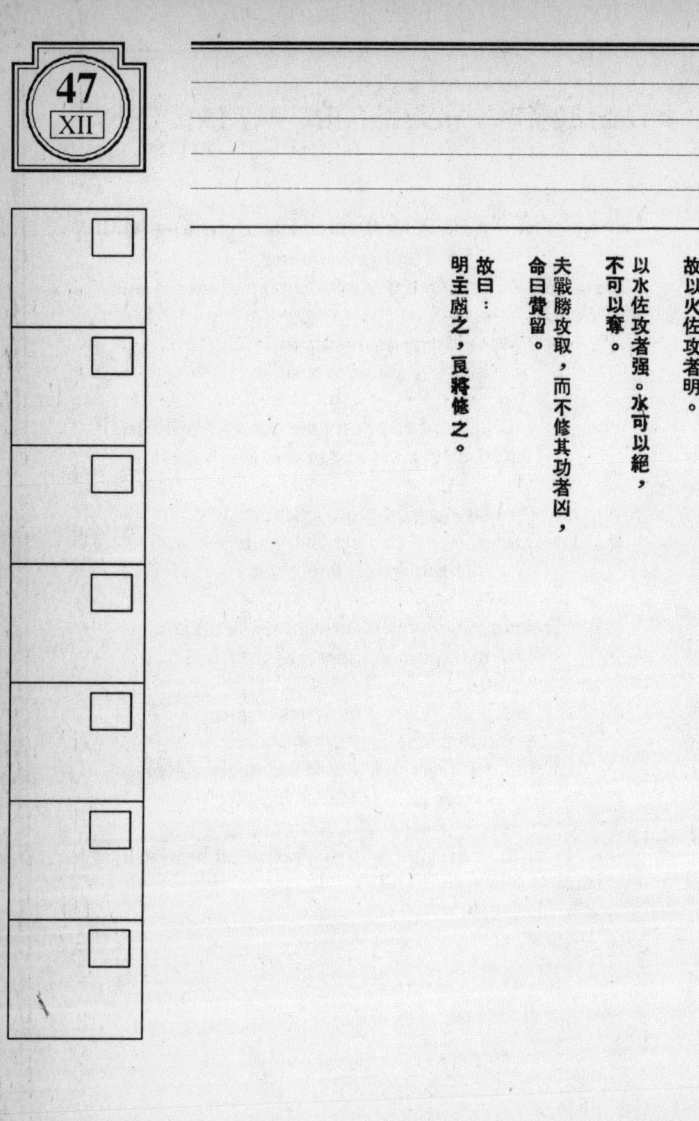

故以火佐攻者明。

以水佐攻者强。水可以絕，
不可以奪。

夫戰勝攻取，而不修其功者凶，
命曰費留。

故曰：
明主慮之，良將修之。

DIE ENTSCHEIDENDEN METHODEN

Erleuchtet ist, wessen Angriff durch Feuer verstärkt wird.

Derjenige,
Dessen Angriff durch Wasser gestützt wird, muß stark sein,
Denn Wasser kann isolieren, aber nicht überwinden.

Wer herausfordert, um zu siegen,
Und wer angreift, um die Herrschaft zu übernehmen,
Und dennoch diese Wirkungen nicht studiert,
Dem bleibt das unglückliche Geschick nicht erspart,
Das man »kostspielige Verzögerung« nennt.

Deshalb heißt es auch:
»Eine glanzvolle Absicht ist wohlberechnet,
Exzellente Führerschaft ist kultiviert.«

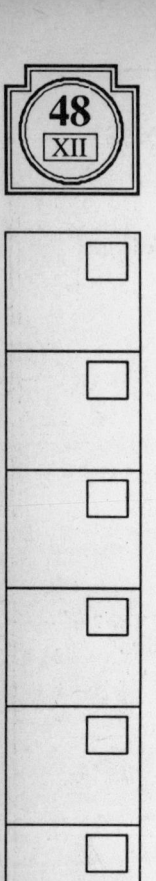

非利不動，非得不用，非危不戰。

主不可以怒而興師，將不可以慍而致戰。

合於利而動，不合於利而止。

怒可以復喜，慍可以復悅，亡國不可以復存，
死者不可以復生。

故明君慎之，良將警之。

此安國全軍之道也。

DIE HÖCHSTE BEHERRSCHUNG

Bewege dich nicht, es sei denn, es ist von Vorteil.
Entfalte nicht, es sei denn, es ist wirksam.
Fordere nicht heraus, es sei denn,
Die Lage ist gefährlich und entscheidend.

Eine leidenschaftliche Absicht ist kein Grund,
In Gegnerschaft zu treten.
Der Zorn eines Anführers ist kein Grund,
Eine Herausforderung zu beginnen.

Wenn es vorteilhaft ist zu kämpfen, bewege dich.
Wenn nicht, bleibe stehen.

Das Leidenschaftliche kann sich ins Freudvolle zurückverwandeln.
Zorn kann sich in Genugtuung zurückverwandeln.
Aber eine ausgelöschte Organisation kann sich nicht
Zum Überdauern zurückverwandeln.
Und die Getöteten können nicht mehr ins Leben
Zurückgerufen werden.

Deshalb ist ein überragender Anführer klug.
Ein guter Anführer ist auf der Hut.

Das ist das Tao einer stabilen Organisation und
Eines geschlossenen Heeres.

Dreizehntes Kapitel

DER EINSATZ
VON SPIONAGE

(DER INFORMATIONSVORSPRUNG)

Sun Tsu schließt seine Kunst der Strategie mit seinem humansten Kapitel. Er beschreibt darin den Einsatz von Techniken zur Nachrichten- und Informationsbeschaffung, um kostspielige Fehler und menschliches Leid zu verhindern. Kampf und Streit — innerhalb der eigenen Psyche, zu Hause, innerhalb von Beziehungen oder zwischen Gruppen — zählten zweifellos zur zerstörerischsten Kraft in der Natur. Wie gerechtfertigt der Kampf auch immer erscheinen mag, er kann trotzdem Leben, Einheit und Hilfsmittel zerstören und gleichzeitig das »gesamte System« schädigen. Sun Tsu sagte über den offenen Konflikt: »Tausend Goldstücke werden täglich ausgegeben. Innen wie außen wird es zu Aufruhr kommen. Der Pfad des Tao wird vernachlässigt. Arbeit und Besitz von siebenhunderttausend wird zerrüttet und aufgelöst, und auf Jahre hinaus werden gegenseitige Verteidigungsstellungen unterhalten: all dies nur um des Kampfes um einen einzigen Tag des Sieges willen.«

Sun Tsu war überzeugt, daß der größte Lohn und die großzügigste Unterstützung jenen zusteht, die zur Informationsbeschaffung eingesetzt werden. Er beschrieb fünf Arten des Nachrichtendienstes: Lokalspionage liefert Informationen aus der Nachbarschaft; innere Spionage bringt Nachrichten aus dem Einflußbereich des Gegners; Gegenspionage liefert Informationen von Agenten des Gegners; tödliche Spionage sind Fehlinformationen, die man dem Gegner zuspielt; und sichere Spionage ist der Öffentlichkeit zugetragene Fehlinformation, die gegnerische Prioritäten durcheinanderschütteln soll. Sun Tsu stellte fest, daß ein hervorragender Anführer alle Arten der Nachrichtenbeschaffung einsetzt und koordiniert. Er sagte: »Man nennt dies das göttliche Netz. Es ist das kostbarste Gut eines Herrschers.«

KONFLIKT IM SELBST Es ist wiederum Zeit für gründliche Überlegungen. Ihr größtes Manko im Kampf um die Überwindung eines inneren Konflikts ist Ihr Mangel an Informationen über Ihren Gegner. Die Kunst der Strategie endet in diesem Kapitel mit einer Rückkehr zu ihren Anfängen, zur »Planung und Berechnung«, wo Sun Tsu Sie lehrte, sich selbst und das Problem, das Sie beseitigen wollen, genau zu prüfen.

Wenn Sie sich einer schlechten Gewohnheit, einer Charakterschwäche, einer psychologischen Blockade Ihrer Leistungsfähigkeit oder einem selbstzerstörerischen Verhaltensmuster stellen wollen, müssen Sie zuerst herausfinden, welche Rolle dieser Konflikt in Ihrem Leben spielt und warum. Findet etwa ein Teil von Ihnen Befriedigung oder Schutz durch Ihren inneren Gegner? Irgendwo in Ihrer Persönlichkeit bekommt Ihr innerer Gegner die Unterstützung, die er für seinen Fortbestand braucht.

Entdecken Sie diesen Bereich in Ihrer Persönlichkeit, der Ihren inneren Gegner unterstützt. Furcht vor dem Unbekannten und Versagensangst wird Ihre Motivation blockieren. Emotionelles Wohlbehagen auf der Basis körperlicher Bedürfnisbefriedigungen ist eine psychologische Verknüpfung, die lähmende Verhaltensstörungen nach sich zieht. Falsche »Programmierung« in der Kindheit, die in Minderwertigkeits- und Wertlosigkeitsgefühle mündet, ist der Nährboden für Ihren inneren Gegner. Bemühen Sie sich um Klarheit und Aufrichtigkeit: Sie werden Ihnen den Weg zum Sieg weisen.

KONFLIKT MIT DER UMWELT Eine wohlgeplante und geschickt ausgeführte Strategie der Nachrichtenbeschaffung ist von vitaler Bedeutung für die Lösung eines umweltbedingten Konflikts. Besonders wichtig ist es, herauszufinden, was den Mechanismus antreibt, der Sie umgibt, und zu wissen, wo genau dieser Antrieb sitzt. Sun Tsu sagte: »Wenn der Angriff auf eine befestigte Stellung das Ziel ist, müssen sich Anführer im allgemeinen um Vorinformationen kümmern, die sie von Anhängern, Ratgebern, Wachen und Einflußreichen erhalten.«

Die Umgebung stellt eine kooperative Struktur dar. Viele Menschen haben an ihrer Entstehung und Aufrechterhaltung Anteil, und mindestens eine Ideologie hat sich in ihr erfüllt. Als einzelner, der in seinem Milieu keine Befriedigung findet, sind Ihre Möglichkeiten begrenzt: Sie können sich vorteilhafter positionieren, indem Sie Ihren Beitrag zu diesem geschlossenen System politisch, finanziell oder gesellschaftlich erhöhen; Sie können durch Überzeugungsarbeit oder Revolution Ihre Umgebung umstrukturieren oder sich in eine Situation begeben, die Ihrer Persönlichkeit mehr zusagt oder aufnahmebereiter ist.

Informieren Sie sich über jeden Aspekt Ihrer Umgebung. Sorgen Sie dafür, daß Ihr Konflikt Ihrer Umgebung keinen direkten Nutzen bringt — daß Sie keine Schachfigur in einem größeren Spiel bleiben —, denn wenn dies der Fall ist, bleibt Ihnen nur die Flucht. Bauen Sie Ihre Strategie auf das Fundament eines klaren Bewußtseins und sorgfältig gesammelter Informationen, dann werden Sie Ihr Schicksal in feste Hand nehmen können.

KONFLIKT MIT EINEM ANDEREN Es liegt in der Natur der Menschen, sich durch selektives Ignorieren von Persönlichkeitskonflikten aufeinander einzustellen. Viele intime Beziehungen können so reibungslos verlaufen, und im Laufe der Zeit wird Blindheit gegenüber Problemen zu einer Kunstform. Obwohl Sie vielleicht noch ungeübt in der gründlichen und objektiven Analyse Ihres Gegners sind, wird diese Fähigkeit jetzt zum Schlüssel für Ihren Sieg.

Beschaffen Sie sich um jeden Preis die notwendigen Informationen. Beraten Sie sich mit anderen, stellen Sie Fragen, verschaffen Sie sich Einblicke. Besonders Informationen über die Erfahrungen Ihres Gegners aus der Vergangenheit und seine Hoffnungen für die Zukunft sind jetzt wichtig. Sorgen Sie dafür, daß Sie die Beziehung in allen Aspekten analysieren und daß Sie darauf vorbereitet sind, sie in ihrer Ganzheit zu konfrontieren.

Sammeln Sie Informationen während der Planung Ihrer Strategie unter dem Siegel der Verschwiegenheit, und halten Sie sich bereit, sie spontan zu gebrauchen. Sun Tsu betonte, daß »Spionage ohne Klarheit und Intuition nicht zum Einsatz kommen kann... Ohne Feingefühl und Einfallsreichtum kann die Arbeit der Spionage nicht erfolgreich sein.«

KONFLIKT UNTER FÜHRUNGSPERSONEN Vielleicht mehr noch als jede andere Defensivstrategie ist die Nachrichtenbeschaffung von wesentlicher Bedeutung für den erfolgreichen Abschluß von Konflikten zwischen Organisationen. Geheiminformationen können kostspielige Fehler vermeiden, Zerstörung verhindern und den Weg zu einem dauerhaften Triumph frei machen. Aus diesem Grunde war Sun Tsu überzeugt, daß »bei der Arbeit des gesamten Heeres nichts günstiger beurteilt werden sollte als Spionage, nichts großzügiger belohnt werden sollte als Spionage«.

Bei Kämpfen zwischen Organisationen sind erfolgreiche Verhandlungen und ein produktiver Sieg gänzlich abhängig von Informationsbeschaffung und Faktenmaterial. Überraschung ist der wahre Feind während einer Konfrontation. Deshalb achten überlegene Strategen darauf, Geheimnisse und »verborgene Tagesordnung« ihres Gegners zu enthüllen, während sie gleichzeitig um ihre eigene Sicherheit besorgt bleiben.

Was die fünf Arten der Spionage betrifft, die Sun Tsu beschrieb, sind gute Führer besonders geschickt im Einsatz von Gegenspionage, im Einsatz von Agenten der gegnerischen Organisation. So läßt etwa Gegenspionage strategische Fehlinformationen aus der eigenen Organisation durchsickern und in den Einflußbereich des Gegners gelangen — Informationen, die den Gegner verleiten sollen, sich in eine unterlegene Position zu manövrieren. »Kunstvoll, sehr kunstvoll«, sagte Sun Tsu, »vernachlässige in keinem Bereich den Einsatz von Spionage.«

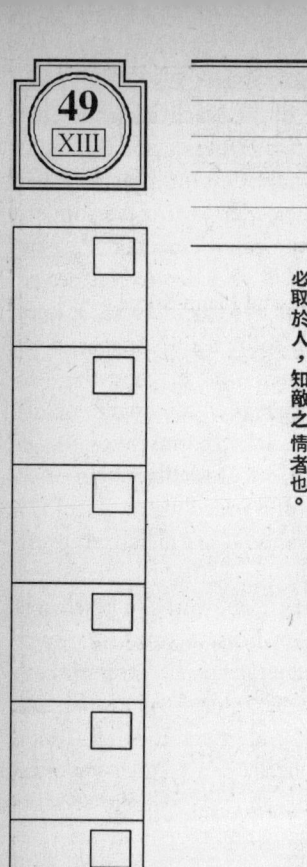

孫子曰：

凡興師十萬，出兵千里，百姓之費，公家之奉，

日費千金。內外騷動，怠於道路，不得操事者，七十萬家。

相守數年，以爭一日之勝。

而愛爵祿百金，不知敵之情者，不仁之至也，

非人之將也，非主之佐也，非勝之主也。

故明君賢將，所以動而勝人，成功出於眾者，先知也。

先知者，不可取於鬼神，不可象於事，不可驗於度，

必取於人，知敵之情者也。

DIE BESCHAFFUNG
VON INFORMATIONEN

Sun Tsu sagte:

Das Ausheben eines Hunderttausend-Mann-Korps
Und das Zurücklegen von tausend Meilen,
Um eine Strategie zur Entfaltung zu bringen
Wird im allgemeinen das Einkommen der Menschen
Und das Eigentum des Volkes aufzehren.

Tausend Goldstücke werden täglich ausgegeben.
Innen wie außen wird es zu Aufruhr kommen.
Der Pfad des Tao wird vernachlässigt.
Arbeit und Besitz von siebenhunderttausend
Werden zerrüttet und aufgelöst
Und auf Jahre hinaus
Werden gegenseitige Verteidigungsstellungen unterhalten:
All dies nur um des Kampfes
Und um einen einzigen Tag des Sieges willen.

Wer den Zustand des Gegners nicht kennt,
Weil er nur ungern hundert Goldstücke
Oder eine offizielle Beförderung gewährt,
Ist die Ursache von Grausamkeit.
Er besitzt keine Führerqualitäten und stärkt nicht die Absicht.
Deshalb kann die Absicht nicht triumphieren.

Geheiminformationen sind es deshalb,
Die einem glänzenden Herrscher
Und einem exzellenten Anführer den Sieg über andere gewähren
Und ihnen gleichzeitig ermöglichen,
Nützliches für die Untergebenen zu vollbringen.
Wenn sie sich in Bewegung setzen.

Geheiminformationen können nicht durch Geister
Oder durch das Übernatürliche erworben werden.
Auch durch Anstrengung wird man sie nicht erlangen.
Ihre Richtigkeit kann nicht durch Messungen beurteilt werden.

Wer den Zustand des Gegners kennt,
Hat ihn ohne Zweifel durch andere erfahren.

R. L. Wing übersetzte den Titel dieses Kapitels mit
»The Use of Intelligence«. Die einzig mögliche Übersetzung für
»Intelligence« ist »Spionage« (auch frühere Übertragungen ins Deutsche
haben sich ihrer bedient).
»Intelligence« nun bedeutet nicht nur »Spionage,
militärische Nachrichtenbeschaffung, ausgewertetes Nachrichtenmaterial«,
sondern auch »Verstand, Klugheit, rasche Auffassungsgabe, Intelligenz« —
Bedeutungen, die im Zusammenhang dieses Kapitels berücksichtigt
werden sollten.

故用間有五：有因間，有內間，有反間，有死間，有生間。

五間俱起，莫知其道，是謂神紀，人君之寶也。

因間者，因其鄉人而用之。

內間者，因其官人而用之。

反間者，因其敵間而用之。

死間者，為誑事於外，令吾間知之，而傳於敵。

生間者，反報也。

故三軍之親，莫親於間，賞莫厚於間，事莫密於間。

非聖智不能用間，非仁義不能使間，非微妙不能得間之實。

微哉微哉，無所不用間也。

間事未發而先聞者，間與所告者皆死。

DAS GÖTTLICHE NETZ

Es gibt fünf Anwendungen von Spionage:
Es gibt Lokalspionage.
Es gibt innere Spionage.
Es gibt Gegenspionage.
Es gibt tödliche Spionage.
Es gibt sichere Spionage.

Wenn alle fünf Spionagearten gemeinsam auftreten
Und niemand das Verfahren kennt,
Dann nennt man dies das göttliche Netz:
Das kostbarste Gut eines Herrschers.

Örtliche Spionage: Man bedient sich der Einheimischen,
Damit sie den Weg weisen.

Innere Spionage: Man bedient sich der Beamten des Gegners,
Damit sie den Weg weisen.

Gegenspionage:
Man bedient sich des gegnerischen Nachrichtendienstes,
Damit er den Weg weist.

Tödliche Spionage: Man arbeitet, um äußerlich zu täuschen.
Wissentlich steuern wir die Informationen
Und spielen sie dem Gegner zu.

Sichere Spionage: Man fälscht Berichte.

Bei der Arbeit des gesamten Heeres sollte deshalb
Nicht günstiger beurteilt werden als Spionage;
Nichts großzügiger belohnt werden als Spionage;
Nichts vertraulicher sein als die Arbeit der Spionage.

Ohne Aufgeklärtheit und Intuition
Kann Spionage nicht zum Einsatz kommen.
Ohne Menschlichkeit und Großzügigkeit
Kann Spionage nichts nützen.
Ohne Feingefühl und Einfallsreichtum
Kann die Arbeit der Spionage nicht erfolgreich sein.

Kunstvoll, sehr kunstvoll.
Vernachlässige in keinem Bereich den Einsatz von Spionage.

Wenn jedoch die Arbeit der Spionage noch nicht
Aufgenommen wurde,
Sind sowohl diejenigen, die vorher darüber sprechen,
Als auch diejenigen, die zuhören,
Gefährlich.

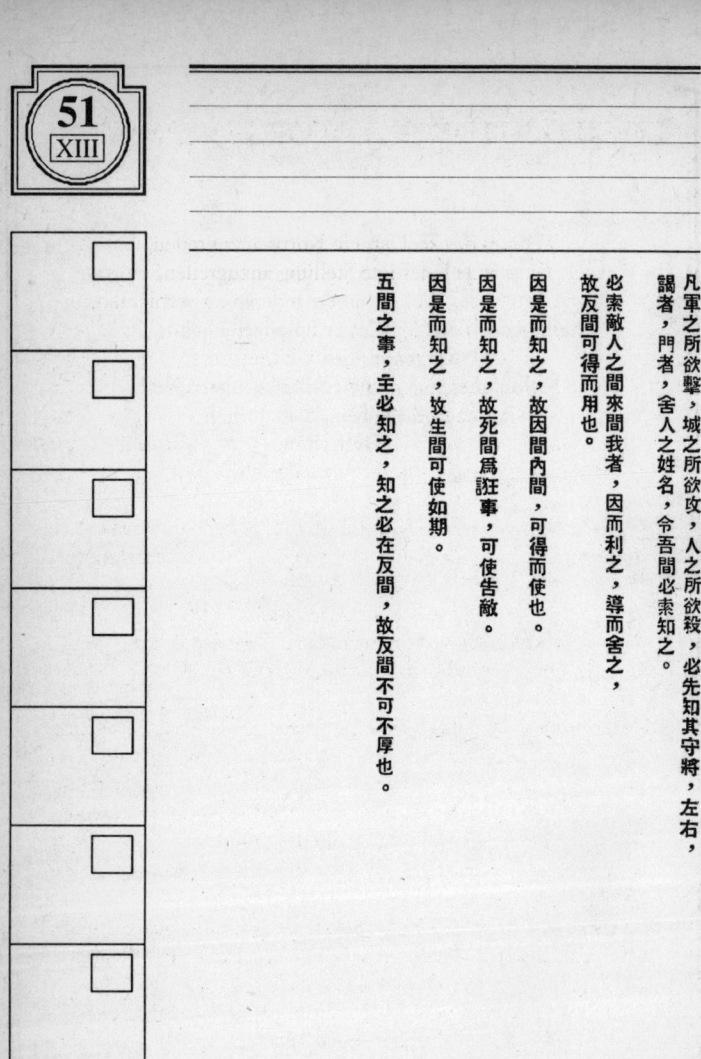

凡軍之所欲擊，城之所欲攻，人之所欲殺，必先知其守將，左右，謁者，門者，舍人之姓名，令吾間必索知之。

必索敵人之間來間我者，因而利之，導而舍之，故反間可得而用也。

因是而知之，故因間內間，可得而使也。

因是而知之，故死間爲誑事，可使告敵。

因是而知之，故生間可使如期。

五間之事，主必知之，知之必在反間，故反間不可不厚也。

DIE BEDEUTUNG VON GEGENSPIONAGE

Wenn es das Ziel ist, ein Korps anzugreifen,
Oder eine befestigte Stellung anzugreifen,
Oder wenn es das Ziel ist, einen anderen zu vernichten,
Müssen sich Anführer im allgemeinen
Mit Geheiminformationen versehen,
Die sie von Anhängern, Ratgebern, Wachen
Und Einflußreichen erhalten haben.
Wir müssen unseren Nachrichtendienst anweisen,
Diese Erkenntnisse zu überprüfen.

Unser Nachrichtendienst muß unsere Gegner analysieren,
Indem er mit seinem Nachrichtendienst Kontakt aufnimmt,
Uns den Weg zu Vorteilen weist,
Und uns geschützte Positionen zeigt.
Auf diese Weise kommt man zu Gegenspionage
Und bringt sie zum Einsatz.

Gegenspionage wird den Weg zu weiteren Erkenntnissen weisen:
Wir bringen lokale und innere Spionage zum Einsatz.

Gegenspionage wird den Weg zu weiteren Erkenntnissen weisen:
Wir arbeiten mit tödlicher Spionage,
Um dem Gegner trügerische Informationen zuzuspielen.

Gegenspionage wird den Weg zu weiteren Erkenntnissen weisen:
Wir setzen sichere Spionage ein, um Zeitdruck zu schaffen.

Die Absicht muß von der Arbeit der fünf Spionagearten
durchdrungen sein.
Gesicherte Erkenntnisse hängen von Gegenspionage ab.
Gegenspionage muß deshalb mit äußerster Großzügigkeit
Belohnt werden.

昔殷之興也，伊摯在夏；周之興也，呂牙在殷。

故惟明君賢將，能以上智爲間者，必成大功。三軍之所恃而動也。

此兵之要。

DAS WESEN DER STRATEGIE

In alter Zeit
Verdankte die Yin-Dynastie
Ihr Aufblühen I Chih von der Hsia-Dynastie.
Und die Tschou-Dynastie verdankte
Ihr Aufblühen Lu Ya von der Yin-Dynastie.

Deshalb werden nur ein glänzender Herrscher
Und ein exzellenter Anführer,
Die ihren Nachrichtendienst
Überlegen und klug zu führen fähig sind,
Großes leisten.
Darauf verläßt sich das gesamte Heer in jeder seiner Bewegungen.

Das ist das Wesen der Strategie.

I Chih war ein Beamter der Hsia-Dynastie (etwa 2000—1520 v.Chr.),
der als Agent für die Yin-Dynastie tätig war
(zweite Hälfte der Shang-Dynastie; etwa 1520—1030 v. Chr.).

Lu Ya war ein Beamter der Yin-Dynastie, der als Agent
für die Tschou-Dynastie arbeitete (etwa 1030—207 v. Chr.).

Pollack, Rachel
Tarot –
78 Stufen der Weisheit
Tarot kann Lebenshilfe, Entscheidungshilfe, Wegweiser durch schwierige Situationen und Schlüssel zur Selbstfindung sein – wenn wir verstehen, die Geheimnisse seiner Bilder und Symbole zu dechiffrieren.
400 S. mit 100 Abb. [4132]

Das Tarot-Übungsbuch
Während das überaus erfolgreiche erste Buch der Autorin, »Tarot«, eine Einführung darstellt, setzt dieses Buch gewisse Grundkenntnisse voraus. Die hier geschilderten markanten Beispiele werden dem Leser zahlreiche Anregungen für die eigene Tarot-Praxis vermitteln.
240 S. mit s/w-Abb. [4168]

Tietze, Henry G.
Entschlüsselte
Organsprache
Krankheit als SOS der Seele. Verdrängte und unterdrückte Gefühle schlagen sich in ganz bestimmten Körperregionen nieder, wo sie schließlich psychosomatische Krankheiten verursachen.

Der Psychotherapeut Henry G. Tietze gibt einen Überblick über das Wesen dieser Krankheiten, ihre Ursachen und ihre Behandlungsmöglichkeiten.
272 S. [4175]

Knaur®
Esoterik
Henry G. Tietze
ENTSCHLÜSSELTE
ORGANSPRACHE
Krankheit als Ausdruck
seelischen Leids

Sasportas, Howard
Astrologische Häuser
und Aszendenten
Neben dem Tierkreiszeichen-System ist das Häuser-/Aszendenten-System die zweite, überaus bedeutsame Quelle astrologischer Interpretationsmöglichkeit. Seltsamerweise gibt es hierzu kein einziges, für die Deutungspraxis brauchbares Buch.
624 S. mit s/w-Abb. [4165]

Sakoian, Frances /
Acker, Louis S.
Das große Lehrbuch der
Astrologie
Wie man Horoskope stellt und nach neuesten wissenschaftlichen Erkenntnissen Charakter und Schicksal deutet. 551 S. mit zahlr. Zeichnungen. [7607]

Schwarz, Hildegard
Aus Träumen lernen
Mit Träumen leben. Dieses Traumseminar geleitet uns über einen Zeitraum von acht Abenden in die Welt der Träume. Ein Symbolregister ermöglicht es, diese tiefgehende Einführung auch als Nachschlagewerk zu benützen.
272 S. [4170]

Garfield, Patricia
Kreativ träumen
Die Autorin erläutert ausführlich und leicht verständlich jene Techniken, mit Hilfe derer jedermann innerhalb kurzer Zeit entscheidenden Einfluß auf seine Träume nehmen kann. 288 S. [4151]

ESOTERIK

Musashi, Miyamoto
Das Buch der fünf Ringe
»Das Buch der fünf Ringe«
ist eine klassische Anleitung zur Strategie – ein
exzellentes Destillat der
fernöstlichen Philoso-
phien. 144 S. [4129]

Dowman, Keith
Der heilige Narr
Das liederliche Leben und
die lästerlichen Gesänge
des tantrischen Meisters
Drugpa Künleg. 224 S. mit
1 Karte [4122]

Brunton, Paul
**Von Yogis, Magiern
und Fakiren**
Begegnungen in Indien.
Der amerikanische Journa-
list Paul Brunton bereiste
in den dreißiger Jahren
Indien. Seine Erlebnisse
eröffnen das ganze Spek-
trum indischer Spiritu-
alität. 368 S. und 12 S.
Tafeln. [4113]

Deshimaru-Roshi, Taisen
**Zen in den Kampfkünsten
Japans**
Deshimaru-Roshi demon-
striert, wie die Kampf-
künste zu Methoden geisti-
ger Vervollkommnung
werden. 192 S. mit 19 s/w-
Abb. [4130]

Brugger, Karl
Die Chronik von Akakor
Erzählt von Tatunca Nara,
dem Häuptling der Ugha
Mongulala. Der Journalist
und Südamerika-Experte
Karl Brugger hat einen
ihm mündlich übermittel-
ten Bericht aufgezeichnet,
der ihm nach anfänglicher
Skepsis absolut authen-
tisch erschien: die Chronik
von Akakor.
272 S., Abb. [4161]

Rawson, Philip
Tantra
Der indische Kult der Ek-
stase. Diese Methode, die
zur inneren Erleuchtung
führt, erobert heute in
zunehmendem Maße die
westliche Welt.
192 S. mit 198 z.T. farb. Abb.
[3663]

**Rawson, Philip /
Legeza, Laszlo**
Tao
Die Philosophie von Sein
und Werden. Mit unge-
wöhnlicher Eindringlich-
keit und großer Sach-
kenntnis erschließt sich
hier den westlichen Men-
schen die Vorstellungswelt
des chinesischen Volkes.
192 S. mit 202 Abb. [3673]

ESOTERIK